Como levar um HOMEM à LOUCURA na cama

Um verdadeiro manual de dicas sobre o prazer masculino

Capa e Projeto Gráfico:

Danilo Scarpa

Revisão da 2ª Edição:

Karina Cedeño e Celeste Mayumi

Impressão:

Gráfica Vox Editora

Dados Internacionais de Catalogação na Publicação (CIP)

(Câmara Brasileira do Livro, SP, BRASIL)

Sita, Maurício

Como levar um homem à loucura na cama – Maurício Sita

São Paulo: Editora Ser Mais, 2010

Bibliografia.

ISBN 978-85-63178-05-3

1. Educação sexual para mulheres. 2.Homens - Comportamento sexual. 3. Excitação sexual. 4. Prazer sexual. 5. Sedução. 6. Sexo. 7. Comunicação em sexo. 8. Relações sexuais - I.Título

10-7104 CDD 306.7

Índices para catálogo sistemático:

1. Como levar um homem à loucura na cama: Ciências Sociais

Editora Ser Mais Ltda.

A. Rangel Pestana, 1105 - 3º Andar- São Paulo, SP – CEP 03001-000

Fone/Fax: (11) 2659-0968

Site: www.editorasermais.com.br **E-mail:** contato@editorasermais.com.br

Índice

Parte 5

Parte 6

Parte 7

Parte 8

Parte 9

Agradecimentos

A você que está lendo o livro.

A todos os que dedicaram um tempão para responder à pesquisa que serviu de base para os meus escritos.

À minha mulher, Lidia, e aos meus filhos Ana Carolina, Alexandre e Fernando, pela força e apoio constante e por aceitarem a minha ausência, em razão das muitas horas que dediquei ao livro.

Ao meu irmãozão, Dr. Jô Furlan, pela parceria, orientações e prefácio.

Ao grande mestre Osho. Ensinou-me a entender muitas coisas sobre a vida.

Segui seus princípios para criar o meu método de meditação (www.neoequilibrium.com.br).

Parte da inspiração para este livro vem do entendimento dele em relação ao sexo. Veja o que ele respondeu quando lhe perguntaram: **Por que o sexo é um assunto que deixa as pessoas tão pouco à vontade? Por que ele é um tabu?**

"Simplesmente porque as pessoas, há séculos, têm uma vida sexual reprimida. Elas aprenderam, com os profetas, messias e salvadores de todas as religiões, que sexo é pecado.

No meu entender, sexo é a nossa única energia. É energia vital. O que você faz com ela, só depende de você. Ela pode vir a ser pecado, como também pode ser o ponto culminante de sua consciência. Tudo depende de como você usa essa energia."

Que tal refletir também sobre mais um ensinamento do Osho?

"Você perdeu a capacidade de ser livre. Essa capacidade tem que ser reaprendida, essa capacidade tem que ser recuperada."

Não estou aqui para discipliná-lo nem para dar-lhe princípios. Todo o meu esforço é para dar-lhe uma vida sem princípios, uma vida espontânea e indisciplinada.

O único presente que posso ofertar a você é liberdade. E liberdade não tem paredes. Ela é tão infinita quanto o céu. Reivindique todo o céu. Ele é seu."

Maurício Sita

Prefácio

Educativo e desmistificador. Assim poderia ser descrita a abordagem desenvolvida nesse livro.

Nos últimos anos acompanhei a atuação e o resultado do programa de bem-estar criado e aplicado pelo Maurício Sita, denominado Neo-Equilibrium. Em muitas de nossas conversas, identificava a sua preocupação com mitos e tabus existentes que faziam com que as pessoas não fossem capazes de experimentar melhor qualidade de vida, mesmo por meio de pequenas ações e exercícios simples.

Muitas obras foram escritas abordando questões que comprometem o bem-estar, a harmonia e a felicidade. Neste livro com titulo provocativo e linguagem clara o autor conseguiu falar sobre coisas restritas a rodas masculinas ou femininas, na maioria das vezes, que surgem normalmente com a diminuição da nossa inibição após a ingestão da famosa cervejinha, vinho, uísque e tantas outras bebidas alcoólicas, permitindo às pessoas falar mais abertamente sobre seus medos, mitos e pensamentos, incluindo aí o tema sexo.

Quando ele me falou que escreveria um livro abordando esse tema, fiquei pasmo com sua coragem. Sou médico, professor e escritor. Como treinador comportamental, contribuí na preparação e no treinamento de milhares de pessoas, sempre omitindo esse tema, pelo seu grau de particularidade, polêmica e discrição. Disse a ele que seria necessário muita coragem e ousadia para escrevê-lo. E aqui estou eu prefaciando um livro que poucos poderiam escrever com tanta clareza e objetividade.

Maurício sempre foi reconhecido pelos amigos como uma pessoa tranquila, extremamente educado e polido. Mas seu profissionalismo falou ainda mais alto, pois identificou em suas conversas com seus alunos que parte da baixa qualidade de vida das pessoas se devia a uma vida sexual repleta de tabus, mitos, vergonha e timidez.

Usar uma pesquisa respondida por homens das mais diversas idades e culturas pode ser visto como um método pouco ou quase nada científico, mas com certeza é uma fonte de informação real e concreta acerca do tema em questão: o prazer do homem.

Vi livros escritos sobre esse tema de forma vulgar e

grosseira, normalmente por mulheres dizendo como garantir o orgasmo masculino.

Como médico, posso afirmar que prazer é muito mais que o simples ato da ejaculação. Sexo é uma experiência a ser vivida de forma intensa, independentemente do tempo, lugar, idade (jovem ou idoso), credo ou raça.

Como levar um homem à loucura na cama é mais do que um manual sobre o prazer masculino, é um verdadeiro mapa da mina. Esse livro foi escrito para a mulher conhecer seu parceiro e para o homem conhecer ainda melhor a sua sexualidade e todas as suas possibilidades.

Sexo é uma das mais poderosas forças da humanidade. Aprenda a usar esse poder para aumentar o seu bem-estar e sua qualidade de vida.

Aproveite a leitura. Espero que ela possa lhe render satisfação e prazer enquanto lê o livro e muito mais prazer quando experimentar o que o livro ensina.

Dr. Jô Furlan

PARTE 1

VOCÊ ESTÁ LENDO UM LIVRO DIFERENTE

Há muitos livros sobre o que os homens desejam de uma mulher, só que, na sua grande maioria, **foram escritos por mulheres**. As autoras se dedicaram a dar dicas importantes sobre como enlouquecer um homem na cama, mas pecam pela base, uma vez que são mulheres e não sabem realmente como funciona a cabeça do homem.

Como estudioso e interessado no assunto, decidi passar para as mulheres **a visão dos homens sobre o sexo** e sobre como é o sexo dos seus sonhos.

Além de eu ser homem, decidi fazer uma pesquisa apenas com homens. Por isso, acredito estar apresentando uma "receita de bolo" diferente das existentes por aí.

Não tenho a pretensão de que a mulher que ler e entender o livro todo venha a se tornar uma "mestra" na arte de fazer sexo. Tenho, entretanto, a certeza de que tudo o que ela já faz hoje passará a fazer um pouquinho melhor. Sua curiosidade será aguçada para tentar coisas diferentes. Os seus parceiros vão vibrar.

Não sou terapeuta sexual nem tenho formação específica nessa área, apesar dos meus estudos profundos e interesse pela psicanálise.

Para escrever este livro utilizei como base uma pesquisa "nada científica". Através da ferramenta do site www.surveymonkey.com, obtive mais de 1.800 respostas de homens de todas as faixas etárias. Pesquisei também sites, blogs, comunidades da internet e mais de uma dezena de livros buscando informações sobre "O que os homens esperam de uma mulher sexualmente. O que eles sonham em fazer com elas. Quais são seus desejos e suas fantasias".

O resultado da pesquisa e dos estudos está neste livro e significa a opinião da maioria dos homens sobre o que eles esperam e desejam das suas parceiras.

OBS. Em todos os capítulos do livro eu me esforço para não ficar citando as coisas mais elementares, aquelas que até por intuição todos já sabem. Sei que às vezes dou uma derrapada e escapam coisas primárias, mas tento ser o mais seletivo possível. Algumas dicas são repetidas de forma mais ampliada nos capítulos temáticos, para que eles fiquem completos. Refiro-me mais especificamente às dicas sobre "como apimentar o sexo; sexo oral e anal."

Ainda há mitos para desconstruir?

Às vezes eu me pergunto se há ainda a necessidade de desconstruir mitos e tabus em relação ao comportamento sexual dos humanos. Será que já evoluímos tudo o que podíamos nesse campo? Será que já nos conhecemos suficientemente bem para viver a plenitude dos mistérios e realidades da vida?

Eu pergunto e eu mesmo respondo. Se isso fosse verdade, a profissão de psicanalista estaria em declínio. As pessoas se entenderiam e se afinariam no convívio. O relacionamento sexual seria ajustado e perfeito. A felicidade pesaria mais na balança do que os desajustes e a insatisfação.

Desde que Freud demonstrou que o Superego sempre tentará controlar o Id, ficou provado que o nosso ser espontâneo, primário, animal e puro é censurado, controlado e constantemente julgado pelos padrões culturais vigentes em cada sociedade.

Alguns povos são menos reprimidos. Mas de alguma forma todos os povos são regidos por leis culturais, sociais e religiosas, que tolhem a sua liberdade de comportamento e de ação.

Aqui não é o lugar para eu discutir se isso é certo ou errado, até porque eu mesmo acho que o ser humano precisa de limites. Não sou apologista de uma vida em sociedade sem limites. Não vou, portanto, discutir a parte antropológica, social, cultural e de comportamento sexual dos povos, mas pura e simplesmente vou tratar das relações sexuais. Penderei mais para o Id do que para o Superego, visando com isso à satisfação e à realização do Ego.

Segundo Desmond Morris, em seu livro *"A Essência da Felicidade,"* muitas pessoas, quando indagadas sobre o que lhes traz felicidade, mencionam o saborear de comida deliciosa, uma experiência sexual ou outro prazer da carne. A crença do hedonista é que todos devemos nos render a esses prazeres biológicos primitivos, tão frequente e intensamente quanto nos for possível. **A forma mais intensa de felicidade é, sem dúvida, o orgasmo."** Em razão dessa afirmação de Morris, tenho a liberdade de usar um silogismo: quanto mais orgasmos na vida, mais felizes seremos.

Para ser coerente com essa análise superficial sobre o homem e sua vida na Terra, uso deste livro para não só tentar contribuir para a desconstrução de alguns dos tabus e mitos que envolvem o comportamento, mas para sugerir formas de viver melhor e mais feliz, curtindo as relações sexuais em toda sua plenitude.

"Como fonte de intensa felicidade humana, a atividade sexual é básica demais para ser restringida por muito tempo", diz o Dr. Morris.

Quando dos meus estudos de psicanálise, o que mais me interessava eram as conclusões de Freud sobre a libido, as fases do seu desenvolvimento e a influência que exercia sobre o comportamento humano. Com meus vinte e poucos anos, creio que meu interesse por aquela energia vital estava meio contaminado pelo meu próprio interesse em desvendar e conhecer TUDO sobre sexo.

Hoje, madurão, pretendo com este livro explorar e explicar a influência prática da libido no comportamento do homem. Pretendo que seja o "Manual do Homem". Ou seja, como a mulher deve fazer para "operar" o homem. O modo de usar. É um livro de orientação para as mulheres. Vai esclarecer à fêmea como se relacionar melhor e com mais prazer com o macho.

Este não é um texto machista

O livro não tem o compromisso de ser politicamente correto. Não tem a preocupação de ser ou não ser machista.

Não tenho receios que digam que transformei a mulher em um puro objeto sexual e a serviço da satisfação do homem. **Até porque eu acho justamente o contrário**. A mulher é que será a maior beneficiada, pois é ela que ao procurar dar prazer ao seu parceiro vai se satisfazer mais e... demais. E terá uma vida mais feliz e prazerosa, sabendo como conduzir e usar o homem.

Quero demonstrar que, à medida que a mulher descobre a sua força de fêmea e assume seu papel, sem que o homem perceba, ele é que será objeto sexual dela, uma vez que ela poderá estimulá-lo e tirar dele tudo que pode dar.

Entendo que a mulher poderá ter um homem fiel, desde que não dê folga para ele. Se o casal (casado ou não) tiver banquetes sexuais, com alimento sexual em quantidade e qualidade, com muita variedade, que seja realmente completo, nenhum dos dois terá "fome" fora dos horários das suas fartas refeições.

Vou tratar do complexo assunto que é o sexo de forma simples e clara, com algum humor, sem escracho e sem rodeios.

Todos os que criticam as liberdades sexuais e um comportamento sexual mais ativo são hipócritas, pois com certeza é isso que querem ou até mesmo praticam na vida. Têm um discurso diferente dos seus desejos e da sua prática.

Há milhares de anos existem manuais sobre posições sexuais e livros de ficção sexual. Poesias que exaltam os encantos do sexo devem ter surgido a partir de Adão. Os falsos puritanos, que sempre existiram, conseguiram censurar e proibir algumas dessas obras, como o Kama Sutra, por exemplo. Uma vez clandestinas, pois nunca deixaram de existir e de circular, foram transformadas de elegantemente eróticas em pornografia pura.

A vida começa numa relação sexual. Crescei e multiplicai-vos é bíblico. Conclui-se que quem não for doente gosta de sexo. Freud descobriu o desenvolvimento da energia sexual a partir da amamentação, ou seja, na fase oral. Nascemos associando inconscientemente sobrevivência com prazer. Sexo é uma função fisiológica, como todas as demais.

Tudo deveria ser natural, fácil, intuitivo e sem grilos, como nos demais animais. Como não é assim, vai aqui o manual do produto, para que todas possam saber usar seu homem da melhor forma possível, alcançando a plena satisfação sexual, o equilíbrio da mente e do corpo e a felicidade.

Carregaram o sexo de culpas

Quanto mais natural for o relacionamento sexual, mais o ser humano se volta às suas origens.

O pecado no sexo foi criado pelas religiões. É a negação do sexo que exige o celibato dos sacerdotes. Diante de tantos escândalos sexuais envolvendo padres, eu pergunto: adianta exigir o celibato? Não é hora de pelo menos colocar isso em discussão?

Durante séculos, a Igreja condenou a prática carnal, mas nunca conseguiu anular o desejo sexual.

Os homens, apesar de mais liberados, também carregaram restrição ao prazer sexual. Na Idade Média o sexo só não era pecado desde que tivesse objetivo de procriação e não houvesse prazer entre o casal.

A mulher sempre foi a mais perseguida nesse aspecto. Apesar de potencialmente poder ter mais orgasmos que os homens, esse prazer lhe foi tolhido por milhares de anos. Para algumas religiões a mulher é anorgástica, ou seja, simplesmente "decretaram" que a mulher não tem orgasmo.

Na Nova Guiné há culturas que aceitam a existência do orgasmo feminino. Isso acontece com os mundugumor. Entretanto, para os arapesh elas são anorgásticas. O comportamento social e sexual dessas duas culturas tem sido motivo de muitos estudos nas últimas décadas.

Algumas culturas ainda colocam burca e outras extirpam o clitóris da mulher para ela não sentir prazer. Existem ONGs espalhadas pelo mundo que lutam contra a MGF, mutilação genital feminina.

Isso tudo foi marcando as gerações, e o sexo, que é tão natural entre os demais animais, se tornou um problemão para os humanos.

Segundo a escritora Rose Marie Muraro, "o sistema patriarcal matou as mulheres que tinham orgasmo por considerá-lo perigosíssimo. Os árabes diziam que o desejo tem dez partes; nove estão com a mulher e uma com o homem. Passaram, então, a extirpar o clitóris, infibular a mulher e obrigá-la a usar véu. Na Inquisição as mulheres orgásticas foram assassinadas. Com o movimento feminista o orgasmo passou a ser obrigatório. A mulher ficava apavorada se não tinha orgasmo. O ideal é o orgasmo ser facultativo: tem quem quer, quem pode. Ninguém vai ser punido por ter ou não."

Caso você tenha interesse pelos aspectos culturais, biológicos, psicológicos e comportamentais sobre o sexo, recomendo que procure essas informações nas dezenas de livros de grandes cientistas, pesquisadores e terapeutas, que lotam as prateleiras das livrarias. Aqui nós vamos tratar só do prazer em fazer sexo. Em alguns casos abordaremos formas estigmatizadas de sexo, sem dar nenhum valor aos carimbos que receberam. Não trataremos das aberrações nem das formas sexuais bizarras.

Instruções de uso do homem
Manual do produto

O produto (ou o seu "bem")

Você tem um homem? Independentemente do modelo que possui, e da qualidade do espécime, este manual de instruções vai garantir um bom funcionamento e manuseio para facilitar o uso e o melhor aproveitamento dele.

Sabendo operar e manipular adequadamente, poderá usá-lo por muito tempo, muito além da expectativa, obtendo bom desempenho de todas as funções. É lógico que tudo pode depender da qualidade e do tempo de validade. Infelizmente, os espécimes disponíveis no mercado, independentemente de serem nacionais ou importados, não têm selos de garantia de qualidade, dependendo mais do modo pelo qual são operados.

Todos os modelos estão sujeitos a diversos defeitos na área de comportamento e podem apresentar falhas de personalidade, de caráter, instabilidade emocional, imaturidade e problemas de inteligência interpessoal. Às vezes apresentam também defeitos de funcionamento. Parte destes problemas poderá ser resolvida seguindo corretamente as instruções deste manual.

Se mesmo com uso adequado o homem continuar apresentando problemas, recomendo a você que vá trocando de exemplar até encontrar um que lhe proporcione plena satisfação. Ao encontrar um que você considere "modelo ideal", saiba, ainda assim, que alguns defeitos sempre poderão aparecer. Recentes pesquisas atestam que ainda não foi produzido nenhum exemplar absolutamente perfeito.

Cuidado com as aparências

Existem no mercado alguns tipos falsos. A embalagem chega a ser de ótima qualidade, mas na hora do uso defeitos insanáveis poderão aparecer. Além de não ter bom funcionamento, poderão causar sérios estragos. Sempre vale a pena checar a origem do seu homem.

Recomendações de uso

Este manual dá instruções de uso do homem apenas por mulheres. Quando bem utilizado, será eficaz para satisfações das necessidades previstas. Funciona muito bem também para o controle da ansiedade e das tensões em geral. É recomendado para evitar o desânimo, a insônia e o mau humor. Elimina a tristeza e os estados de irritação. Permite horas de bom funcionamento tanto em uso interno como externo, desde que receba muita atenção.

Tipos de produtos

A classificação é feita pelo tamanho do "instrumento" que se presta ao uso.
Tipo A – Titico, Mignon e Gracinha
Tipo B – Midi, Max e Super
Tipo C – Mega, Plus e Super Max Mega Plus
Versão Especial – Ké ké isso?? e Óhhhh, meu Deus!!!

Modo de ligar e de usar

A embalagem pode ser aberta com cuidado, devagar, quase carinhosamente ou rasgando tudo rapidamente, dependendo da energia disponível, tomando um pouco de cuidado para não estragar as partes mais sensíveis e essenciais para o bom aproveitamento do seu homem.

Sempre que possível, não demonstre que não merece o produto ou que ele é muita areia para o seu caminhãozinho, por mais Brad Pitt que o cara seja. Excesso de empolgação pode deixar o homem muito seguro e isso muitas vezes atrapalha as funções principais e pode gerar defeitos.

Logo no início, o funcionamento pode ser meio lento, mas se a energia estiver correta atingirá o funcionamento satisfatório.

No geral, pode ser usado com eficácia por duas ou três vezes por semana. Se não apresentar bom desempenho, reveja os procedimentos de uso ou troque-o.

Não o mantenha ao alcance de outras "crianças", principalmente do sexo oposto. Você pode correr o risco de perder seu homem ainda dentro do prazo de validade.

Saiba medir a energia de funcionamento para evitar curtos-circuitos.

Dê os alimentos corretos para o corpo e a alma.

Fique atenta para as medições do satisfatômetro. Índices abaixo de 50% podem levar à quebra e ficar irrecuperáveis para o uso. O produto está sujeito a alterações bruscas no funcionamento.Se parar de funcionar adequadamente, não o chacoalhe nem o aperte. Muito menos tente abri-lo. Normalmente alguns beijos no pescoço ou em outras "partes" costumam dar bons resultados.

Quanto mais lubrificado com amor, cuidados, atenção e carinho, melhor será o desempenho dele.

Parabéns! Você acaba de adquirir o produto dos seus sonhos. Mas se com o uso você ficar irremediavelmente insatisfeita, descarte-o. Devolva para a fábrica ou abandone-o na rua. Cuidado com o descarte precipitado, pois constatará que sempre haverá uma alma caridosa que dará abrigo a ele. Isso poderá aliviar sua culpa por haver "jogado fora" ou a deixará morrendo de raiva, dependendo de quem o "adotar".

Espécimes dentro do prazo de validade serão reciclados com facilidade. Portanto, analise bem antes de achar que o espécime não tem mais valor e pode ser descartado. Frequentemente não há chances para arrependimentos futuros. Trocas frequentes podem indicar que o problema seja mais do usuário do que dos produtos em si. Para quem não aprende a utilizar, nenhum produto presta.

A data de fabricação e o prazo de validade estão impressos na carteira de identidade.

Dependendo do modelo que você possui, além do uso doméstico poderá usá-lo na praia ou no campo e transportá-lo para bares e casas noturnas. No escurinho do cinema o aproveitamento será restrito, mas não menos eficiente. Pode funcionar muito bem no banco de trás de automóveis, ambientes públicos, matas cerradas e todos os outros locais que sua criatividade permitir. Não existem restrições quanto ao local.

A prática excessiva pode causar ardor na região pélvica e intra-uterina, dores abdominais e entorses.

Se a utilização muito intensa causar algumas restrições sociais, como deixar de sair de casa por cansaço excessivo ou incômodo ao sentar em cadeiras pouco estofadas, aproveite para contar vantagem para suas amigas.

Nem sempre o uso muito intensivo afeta o desempenho dele,

mas antes de reclamar recomenda-se prestar muita atenção na data de validade do produto, pois com o passar do tempo o rendimento cai.

Analise bem todas as funções do seu homem. Veja se satisfaz suas necessidades e desejos. Lembre-se de que a utilização frequente de um único homem tende a causar enjôo. Entretanto, se você souber reciclá-lo com criatividade, o uso poderá ser prolongado. E, como diz o poeta, "o amor, posto que é chama, que seja eterno enquanto dure".

Para desligar

O produto normalmente tem desligamento automático após trabalhar intensamente. Às vezes aparenta ter tido um desmaio, mas não se preocupe. Dormir como uma pedra sem nem sequer ter desejado boa noite, é um defeito de fábrica chamado falta de educação. Dificilmente terá conserto. Se, ao contrário, ele não desliga, mesmo após você já estar plenamente satisfeita, sugerimos um banho de água fria ou até mesmo que você simule um desmaio. Cuidado para não desmaiar de bruços, pois os insaciáveis poderão se aproveitar da situação.

Atenção – Preocupe-se sempre com o modo de usar, pois distrações podem resultar em gravidez indesejada.

IMPORTANTE: Brincadeiras à parte, nem homem nem mulher funcionam como máquinas. Este manual "ensina" quais são os botões que ativam o homem. Mas sexo precisa ser natural, espontâneo e intuitivo, para ter a dose de tesão necessária para provocar um incêndio difícil de apagar.

Manifesto pró-qualidade da vida sexual

Sei que você está lendo este livro com interesse nas dicas para "esquentar" a sua vida sexual e não quer muito blá blá blá. Peço, entretanto, um pouco mais da sua paciência. No texto a seguir eu faço uma amarração entre felicidade, relacionamentos, comportamento sexual e qualidade de vida.

Valorizo tanto uma vida sexual de qualidade que para mim seria muito pobre resumi-la apenas ao que pode ou não ser vivenciado entre quatro paredes.

Em razão disso escrevi praticamente um manifesto antimonotonia e pró-qualidade de vida.

Não exagero quando afirmo que uma vida só é plena de felicidade se for completada com uma vida sexual intensa, prazerosa e que dê muita realização.

A felicidade está dentro da gente. Quem a procurar fora estará perdendo tempo.

Na vida sexual, o prazer está em curtir tudo e não apenas o orgasmo. Já pensou que pobreza trocar longos momentos ou horas de intenso prazer por alguns segundos de orgasmo? O maior prazer está no antes e no durante. Está na viagem e não apenas na chegada.

Tenho a certeza de que, dentre as dezenas de sugestões que estão na sequência, você se identificará com algumas delas. Aproveite-as.

☺ Aproveite a vida. Viva intensamente. Seja uma boa companhia para você mesma.

☺ Preocupe-se sempre em dar e não em receber. Quem não tem expectativa de receber nunca se frustra.

☺ Valorize a sua vida sexual. Ela é uma das principais responsáveis pelo seu equilíbrio.

☺ Não troque um encontro de amor por nada. Esses momentos são únicos. A roupa que você quer comprar continuará na loja. A cabeleireira marcará outra hora. Tudo continuará à sua disposição, mas o momento de amor não vivido não pode ser recuperado. Você viverá novos momentos, mas o que passou, já era. Nada é mais importante do que estar com a pessoa amada.

☺ Dê muito ao seu parceiro sem pensar em reciprocidade. Ela virá.

☺ Não faça cobranças sexuais repetidas vezes. Ao invés de deixar seu parceiro mais atuante, você poderá tirar a empolgação dele.

☺ Divirtam-se juntos. *Inside* e *outside home*. Dêem gargalhadas.

☺ Exponham seus sentimentos. Não evitem o choro. Demonstrar que é vulnerável não é sinal de fraqueza, mas de autenticidade.

☺ Cantem juntos nos passeios de carro. Sem preocupação com desafinar, cantem um para o outro.

☺ Valorizem as datas especiais. Façam tudo de forma mais especial ainda. Façam coisas diferentes. Faça sexo em posições diferentes e em lugares diferentes.

☺ Dê presentes fora de data. Não é o valor que conta, mas a surpresa pelo inesperado.

☺ Descubra o prato que seu amado gosta e prepare-o com muito amor e tesão. Sim, porque essa será uma noite de agradecimentos.

☺De vez em quando, tome café da manhã só de calcinha. Achou muita roupa? Varie.

☺Sirva-o na boca e com a boca. Dê comida com garfo ou ofereça pedaços apropriados com sua própria boca.

☺Assistam a um pôr do sol juntos e quando possível curtam o nascer do sol.

☺Sempre que tiver uma oportunidade e o ambiente permitir, segure o pênis do seu homem e demonstre todo o seu amor pelos dois.

☺Programem um jantar fora, em local bonito. Vistam-se com as melhores roupas. Fiquem lindos um para o outro.

☺Programem jantares à luz de velas em casa. Decore-a com flores. Perfume a casa. Fiquem bonitos e curtam os momentos exclusivamente seus. Dancem ao som de uma música romântica. Digam coisas excitantes nos ouvidos. Beijem-se dançando.

☺De vez em quando, após um jantar romântico, afastem os pratos e façam sexo na mesa, à luz de velas. Lambuzem algumas "partes" do corpo do outro com licor e lambam à vontade. Faça sexo oral nele tendo sorvete na sua boca. Ousem.

☺Nunca perca uma chance de tomarem banho juntos.

☺Abuse da criatividade sensual durante os banhos.

☺Conheça todas as partes do corpo dele. Sinta-as com a boca e com os dedos.

☺Escrevam contos eróticos um para o outro. Façam da leitura em conjunto um exercício de teatro vivencial.

☺Habituem-se a criar e a contar fantasias sexuais. Use fantasias e máscaras. É melhor realizá-las entre vocês do que dar oportunidade para outro.

☺Dispam-se na frente do outro. Aprimorem algumas técnicas de strip-tease. Estimule o voyeurismo de ambos.

☺Pratiquem o ritual de um tirar a roupa do outro lentamente, acariciando e beijando cada nova área descoberta. Será que chegarão ao fim, lentamente???

☺Deixe seu corpo à disposição do seu homem, para ele olhar e tocar o quanto quiser. Abuse do corpo dele também.

☺Se ambos gostarem, escolham filmes eróticos para assistirem juntos.

☺Vista-se com roupa para ser tirada com muito prazer.

☺Vá sem calcinha ao encontro dele. Se não for perceptível visualmente, avise-o.

☺Vista-se só com uma gravata dele. Pode ser borboleta, para cobri-la menos ainda.

☺Seja criativa nas depilações da "desejada." Varie o corte, depile-se toda.

☺Escreva mensagens de sexo no espelho do banheiro. Seja criativa, use batom ou pétalas de flores, ou chantili.
☺Faça massagem nele. Os dois se excitarão muito.
☺Aprenda massagem tailandesa e alguns rituais sexuais tântricos. Ele vai se estimular a aprender também.
☺Acaricie-o na frente dos outros. Elogie-o com sinceridade.
☺ Elogie o corpo e o pênis dele.
☺ Faça da casa toda um ninho de amor. Faça sexo em todos os cômodos e móveis.
☺Perfume a casa com incenso ou com a essência que ele gosta.
☺Troquem emails ou torpedos apimentados durante o dia.
☺Caprichem nas preliminares. Prolongue-as o máximo que conseguirem. O prazer nas preliminares é muito grande e o momento da penetração será recompensador.
☺Façam sexo amarrados por um cinto, corda ou lenço, dos grandes e resistentes.
☺Façam sexo de formas e posições diferentes.
☺Usem brinquedos eróticos. Os dois vão se excitar.
☺Use os jogos sexuais para transmitir seus desejos e para ensinar seu parceiro como é o sexo que você gosta. Ele vai adorar conhecê-la melhor e proporcionar mais e mais prazer a você.
☺Pratiquem jogos sexuais, nem que seja só por diversão.
☺Nos restaurantes, toque o pênis dele por baixo da mesa.
☺Ousem no sexo. Façam coisas arriscadas, daquelas que dão um pouco de medo.
☺Desafiem as proibições. Realizem fantasias.
☺Quando estiverem fazendo amor, fiquem totalmente à vontade para misturar as declarações de amor com as palavras cabíveis na hora do sexo mais selvagem. Não cobrem um ao outro pelo que foi dito. Naquela hora, vale tudo. Se, entretanto, houver frases ou palavras que apesar de oportunas agridam o outro, tratem de excluí-las do vocabulário de vocês.
☺Tentem programar, pelo menos a cada três meses, um dia de muito sexo. Pode ser em casa ou num motel. Passem horas alternando preliminares, posições diferentes, coisas novas. Estreiem roupas e brinquedos sexuais. Masturbem um ao outro. Façam longas sessões de sexo oral. Tenham orgasmos diferentes. Continuem grudados após os orgasmos. Agradeçam pelo prazer que o parceiro proporcionou. Não economizem nas declarações de amor e de tesão.
☺Usem e abusem dos espelhos. Gravem na mente as "fotos" maravilhosas tiradas durante o ato sexual.

☺ Façam amor de olhos vendados. Amarrados, algemados, vestidos parcialmente. Sejam criativos.

☺ Enfrentem juntos os tabus sexuais. Não tenham receio de nada quando estão juntos. Pelo contrário, curtam tudo.

☺ Combinem de contar seus desejos, as coisas de que gostam e as de que não gostam. Melhor estarmos informados que sofrermos sem necessidade.

☺ Troquem de papéis. Façam as carícias que gostariam de receber.

☺ Escrevam poemas eróticos. Se a veia poética faltar, descrevam com muito erotismo as relações com que sonham. Troquem esses textos por email, ou por bilhetes deixados nos bolsos, etc.

☺ Palavras que agradam aos ouvidos e à alma são "Eu te amo", "Eu te desejo", "Adoro ter você na minha vida". Habituem-se a dizer essas e outras palavras semelhantes com a máxima frequência.

☺ Passeiem de mãos dadas. Troquem informações sobre o dia a dia. Façam de tudo para aumentar a intimidade.

☺ Criem uma linguagem secreta e falem de amor na frente das pessoas.

☺ Estabeleçam prêmios sexuais para cada esporte ou jogos que praticarem, desde um jogo de tênis, natação, corridas etc. Quem perder dará o prêmio ou quem ganhar poderá pedir o que quiser.

☺ Joguem cartas valendo uma peça de roupa ou um ato sexual qualquer.

☺ Quando num cinema, assistam a filmes abraçados. Deem amassos. Lembra como isso era gostoso na juventude? E nos cantos bem escurinhos, por que não passar a mão naquilo e até ficar com aquilo na mão?

☺ Telefone para ele durante o dia e diga o quanto o ama e deseja. Peça para vir mais cedo para casa, pois quer uma sessão de sexo mais selvagem.

☺ Frequentem praias mais desertas. Façam trilhas por campos, parques ou montanhas e nunca percam a oportunidade de falar coisas picantes próximo ao ouvido do outro. Alguns toques mais *calientes* serão muito curtidos.

☺ Comentem as grandes experiências sexuais que viveram juntos. As posições inusitadas. As rapidinhas perigosas. Façam planos para as próximas vezes. Demonstrem desejos de repetições ou de coisas novas.

☺ Tente tudo no sexo, desde que não agrida você. Muitas, mas muitas mulheres mesmo têm orgasmo fazendo sexo anal. Não tenha medo de tentar. Com o tempo, poderá gostar de fazer tanto anal quanto vaginal.

☺ Capriche no sexo oral. Faça-o gozar na sua boca. Engolir ou não dependerá do seu tesão e da sua decisão.

☺ Tenha como objetivo completá-lo sexualmente. Você só terá a ganhar. Ele não alimentará sonhos e não desejará satisfazer suas fantasias com outras.

Como eu disse na abertura, desejo que algumas das dicas acima possam contribuir para a sua felicidade.

Novidades sexuais - Praticar ou não?

Apesar de você estar lendo um "manual de uso do homem", que vai demonstrar "como levar um homem à loucura na cama" não sugiro que deva praticar com rigor todo o conteúdo. Cada pessoa tem suas características e ninguém deve se agredir fazendo coisas muito diferentes da sua índole, apenas porque leu neste manual. Passe a praticar tudo com o que você se identificar. Em sexo não devemos ser refratários a novidades. Sem experimentar nunca saberemos o gosto que tem e se nos agradará ou não. Não somos uma máquina que roda sempre do mesmo jeito. Assim como você não irá "funcionar de certa forma" só porque algum homem deseja, o homem também não é acionado apenas por botões e toques.

Sei que as dicas contêm muitas novidades para uma boa parte das leitoras. Desejo que sirvam como um anabolizante, um aditivo na sua vida sexual.

Entretanto, ao assumir novas práticas sexuais, incorpore-as da forma mais natural possível. Não leve uma "cola" para deixar ao lado da cama para que possa se lembrar da "próxima atração". A espontaneidade sempre deve prevalecer.

O conteúdo deste livro, que dá dicas importantes para que você possa ter uma vida sexual mais prazerosa e intensa e por consequência resulta em equilíbrio e qualidade de vida, é resultado dos meus estudos e do que foi apurado nas pesquisas que realizei.

A ordem numérica a seguir não significa necessariamente o resultado qualitativo ou quantitativo de todas as respostas. Procurei estabelecer certa sequência. Para você, que tem curiosidade, adianto que nas pesquisas, em ordem quantitativa, o sexo oral ganhou estourado como a "coisa" que os homens mais gostam.

PARTE 2

AS PRELIMINARES
O ANTES QUE DETERMINA O DEPOIS

O momento "preliminar" à penetração evidencia se há afinidade ou não entre os dois. Para uma relação sexual dos sonhos, alguns componentes têm de estar presentes, como sintonia, ou seja, os dois se desejam e fazem coisas que agradam um ao outro, muito tesão, que também pode ser entendido como o desejo quase incontrolável que "exigiu" que se pertencessem e se completassem. Se houver paixão e amor, o sonho se realizará.

As preliminares são importantes porque permitem a aproximação dos parceiros e levam o corpo a um elevado grau de excitação, permitindo o máximo de aproveitamento dos prazeres sexuais. Preliminares prolongadas, variadas e bem feitas dão tanto prazer quanto a penetração.

Acho oportuno destacar que não é verdade que o homem não gosta das preliminares. Só não gosta quem ainda não as descobriu e, portanto, não sabe como fazer. Basta o homem pegar gosto pela coisa que nunca mais deixará de fazer.

Outro fator que muitas vezes impede que o homem se dedique às preliminares é que na hora do sexo, na sua cabeça ficam piscando pensamentos: "Que mulher maravilhosa; quero tirar sua roupa e me deliciar com seu corpo nu; quero comer essa gostosa; quero sentir sua vagina molhadinha, etc. e muitos outros etceteras". O homem fica com o raciocínio alterado de tanto tesão. Se for a primeira transa com aquela mulher, ele só pensará "naquilo". E para consumar a relação, para realizar o desejo de possuí-la, ele busca a penetração, atropelando a deliciosa fase preliminar.

A mulher na maioria das vezes tem mais calma e controle. Antes da penetração, mesmo que esteja com muito tesão, ela quer um pouco mais. Com alguma habilidade e muita imaginação pode "ensinar" seu parceiro a descobrir que o corpo todo é uma fonte inesgotável de deliciosas sensações e que o próprio prazer genital é muito maior quanto melhor forem as preliminares.

Trato genericamente sobre as preliminares sem saber se você que está lendo este livro terá a primeira relação com seu parceiro ou se está casada com ele há 30 anos.

Desculpe-me transferir a você a responsabilidade pelas preliminares. Ocorre que a maioria dos homens apresenta esse defeito de fábrica, ou seja, deseja começar rapidinho com penetração já na primeira relação, por não conseguir dominar o tesão. Pode acontecer também que, depois de centenas de relações com a mesma mulher, comece com a penetração, porque o sexo ficou tão burocrático que ele quer "acabar rapidinho" e dar a obrigação por resolvida. Há relatos de homens que nem sequer beijam suas parcerias antes da penetração. A prática sexual fica reduzida à penetração e à ejaculação. Nem quero falar dos homens que não se preocupam se a parceira gozou ou não. Erotismo? O que é isso? Coitados, podem ter um prazer muito maior, mas deixaram que sexo se transformasse numa rotina entediante.

Por tudo isso, e para que o sexo seja sempre um grande e completo ato de amor, é que estou atribuindo à mulher a responsabilidade de prolongar os momentos preliminares à penetração.

Se você souber "ensinar" seu parceiro a praticar o antes, é bem provável que ele aprenda, passe a curtir muito e até aperfeiçoe as preliminares. Bom, não é?

Dou uma dica. Leia com ele este trecho do livro ou mande um email reproduzindo-o. Comece fazendo um elogio a ele (mesmo que seja meio falso) – o autor do livro não conhece você, não sabe o quanto você gosta das preliminares. Ou , ainda bem que tenho um homem como você, que curte cada vez mais as preliminares. Ou, até eu fiquei com desejos de prolongar muito mais as nossas preliminares. Você topa?

Como já disse logo na abertura do livro, saber operar o homem não significa transformar-se numa gueixa e se preocupar apenas com o prazer dele. A mulher que souber "ativar ou ligar" o homem vai ser muito beneficiada com o uso dele. Portanto, capriche em proveito próprio e de ambos. O parceiro vai lembrar-se dos atos de amor e elogiará a sua dedicação e desempenho.

Deixo de lado o fato de que as melhores preliminares são aquelas realizadas com total espontaneidade e apresento algumas sugestões. Quem sabe a partir delas a criatividade e a imaginação de vocês possa fazer com que inventem muitas outras.

A fase da conquista

1 – Mulher provocativa na medida certa

Vista uma roupa sexy, mas que não chame demais a atenção. Exemplo: pode usar um vestido meio justinho, "curto pero no mucho". Mas, por favor, sem estampa de oncinha. Perfume, sem exagerar. Maquiagem discreta. Cabelos bem cuidados. E todos os demais detalhes para compor uma apresentação de mulher bem cuidada. Acertando na dose, a mulher "ganha" o homem muito antes da cama.

2 – *Sex appeal*

Tanto o homem como a mulher têm de exercer atração sobre o sexo oposto. *Sex appeal* é uma das coisas que fazem parte dos "mistérios do amor". É uma concepção abstrata do amor. É essa atração, muitas vezes incompreendida, que faz com que a mulher se "apaixone" por determinados artistas. Há mulheres casadas, fiéis, que não hesitam em confessar que se tivessem um encontro casual com Brad Pitt, George Clooney, Richard Gere, Antonio Banderas ou José Mayer, Antonio Fagundes, Rodrigo Santoro, realizariam a fantasia de transar com um deles (ou quem sabe com todos... ehehehehe). Elas têm um atração incontrolável. Esses homens têm forte *sex appeal* e por isso exercem grande fascínio sobre elas. Do lado masculino, a maioria dos homens se excita com as garotas da Playboy. Artistas como Camila Pitanga, Juliana Paes, Sharon Stone, Nicole Kidman, e outras mais novinhas.

3 – Demonstrações de desejo

Mesmo nessa fase da conquista, o homem se excita muito quando a mulher demonstra que o deseja. Não se trata de ser "fácil", mas de ser consciente da sua condição de mulher independente e que sabe o que quer. Se o cara agrada, demonstre isso a ele. Se vai rolar ou não sexo logo na primeira noite, faça com que essa decisão seja mais pela percepção global que você teve no encontro e não para ser fresca ou difícil. Com certeza você encontrará homens mais "maduros" que justifiquem a decisão de fazer sexo no primeiro encontro. E perceberá também se o cara só está a fim de uma aventura. Se, entretanto, esse também for o seu desejo, por que não? Abuse você dele. Coma-o apenas uma vez e dê a ele um número de telefone errado.

Preparando-se para o sexo

4 – Preliminares o dia todo

Para casais que moram juntos, a relação sexual noturna pode começar com o beijo provocante de despedida pela manhã. Telefonemas, e-mails ou torpedos podem alimentar o desejo. Será um dia todo de desejo sexual à flor da pele.

5 – Falar sobre sexo e sobre seus desejos

Um telefonema dizendo que está com saudade e com desejo de muito sexo. Experimente dizer, por exemplo, que nessa noite vai querer uma sessão especial de sexo anal, pois você está com muita vontade. Com certeza ele chegará mais cedo para encontrá-la.

6 – *Lingerie* bem escolhida

Numa linguagem sem palavras a mulher demonstra que se preparou para o encontro. Uma lingerie comprada especialmente para aquele encontro vale como declaração de desejo ou de amor. No fundo, ela está dizendo: comprei porque admiro você, desejo você e porque você merece.

7 – Prepare um guarda-roupa especial para uma noite de amor

Escolha a calcinha, varie a lingerie numa mesma noite. Que tal uma camisola mais ousada para começar a noite e outras para circular pela casa? Demonstre que se dedicou para criar um clima especial para vocês.

8 – Sedução é a solução

Homem gosta de ser seduzido e não cobrado. Quando ele demonstrar que não está muito a fim de sexo, ao invés do cobrá-lo, seduza-o. Ele não resistirá.

9 – Preparação do ambiente para o amor

Quando o casal tem o seu nicho de amor, o homem gosta de vê-lo preparado para um banquete sexual. Um pouco de perfume nas cortinas, um pano colorido sobre o abajur, eventualmente apenas luz de velas, um CD tocando baixo as músicas que ambos gostam, uma taça de vinho. Nada de muito exagerado, mas a simples demonstração de que a parceira se preocupou em dar um toque especial já é motivo para esquentar mais a relação.

10 – Deixe-o viajar

Estimule o lado *voyeur* que todo o homem tem. O homem se excita demais através da visão. Faça de conta que não está percebendo que ele a está observando e tire calmamente a roupa para entrar no banho. Deixe-o ver você se ensaboando lentamente no banho. Faça do ritual de passar creme no corpo um momento de excitação (perceberá que você também se excitará demais com essa "brincadeira *sexy*").

11 – Dê presentes sensuais

Em qualquer data com significado ou não, dê presentes que o façam viajar. Desde chocolates em forma de vagina, acessórios eróticos, camisinhas diferentes, óleos ou cremes especiais para massagens eróticas, *gel hot* para penetrações literalmente mais "*calientes*", até livros de contos eróticos, Kama Sutra ou DVDs com filmes sensuais ou pornográficos.

Curtição a dois

São muitas as formas de despertar o desejo do seu homem. Uma carícia logo cedo, um telefonema carinhoso, um torpedo ou e-mail sensual demonstrando a vontade de estar junto, mandar flores com um cartão instigante, mandar uma cesta com vinhos e um cartão com mensagem meio safada. São várias as preliminares que podem antecipar-se ao encontro e todas têm grande importância.

12 – Ritual da nudez

O ritual de tirar as roupas é muito excitante, tanto para a mulher como para o homem.
Tire a roupa dele devagar e com cuidado. Rasgar roupa só é bonito e excitante nos filmes. Na vida real, é pouco prático e pode dar efeito contrário.
Há mulheres que têm a fantasia de começar agressivamente, rasgando tudo para ter acesso mais rapidamente ao corpo. Atacar de cara, tirar a roupa com muita rapidez, pode assustar o homem. E pênis de homem assustado não levanta.
Tire a roupa dele olhando para os olhos dele. Ao tirar cada peça, faça uma carícia especial na região desnuda.
Beijos podem ser repetidos abundantemente ao longo de todo o ritual.
Deixe-o apenas de cueca. Acaricie seu membro por cima da cueca. Dê umas mordidas com os lábios apenas.
Comece a tirar a sua roupa. Depois de tirar a blusa e o sutiã, deixe-o acariciar seus seios, mas não deixe que ele assuma o comando. Faça todo o ritual da excitação.
Fique só de calcinha e roce o membro dele com sua vagina.
Deite sobre ele e se movimente sobre o corpo como se estivesse massageando-o. Se você gosta de fazer isso, procure se informar

mais sobre como praticar a massagem tailandesa.

13 – O corpo como fonte de aprendizado e de prazer

Principalmente nas primeiras relações, é muito importante que ambos falem do que estão ou não gostando. Quando o parceiro tocar algum ponto muito especial de uma forma gostosa, diga que está uma delícia. "Nossa, aí está muito gostoso; você está tocando num ponto que me dá muito tesão; continue me tocando aí, não para, pois eu quero gozar com você fazendo isso."

Diga sempre como gosta de fazer amor. "Isso, me pega forte assim; pode apertar um pouco mais; não morda forte, ou, que delícia, morde mais forte; assim está doendo, volte a fazer como antes." Às vezes, dá para "falar" o que está sentindo sem emitir nenhuma palavra, apenas gemidos, suspiros ou movimentos de aprovação ou desaprovação, ou seja, deixe o corpo falar e não apenas a boca. A comunicação terá a mesma eficácia.

14 – Provocações

Você pode prolongar o início da transa provocando o parceiro com massagem com os seios sobre o corpo dele, passando os seios pelo rosto e pelos lábios dele, descendo até o pênis. Pode deitar-se sobre o corpo dele, fazer verdadeiras massagens sensuais com as mãos e com o corpo todo. É muito gostoso para ambos essa provocação e a postergação da penetração, até o momento ideal para ela acontecer.

15 – Muito beijo

Beijos na boca. Beijo nas orelhas e no pescoço. Se você gosta muito de beijo, desejo que encontre parceiros que também gostem. Abuse dos beijos. Isso cria muita intimidade e liga o botão do tesão. Faça carinhos com as mãos durante o beijo. Viaje o corpo dele com suas mãos. Aperte-o, belisque-o arranhe-o (de leve, por favor). Nada de mãos estáticas.

16 – Abraços de corpo inteiro

Corpo colado, em que o homem sinta seus seios. Abraço com o rosto colado para ouvir seu respirar excitado. Homem gosta do abraço de corpo inteiro e quando a excitação bater forte adora que a mulher encoste mais ainda e roce o corpo no seu pênis, demonstrando que o deseja. Aproveite que a orelha está ao alcance dele e fale dos seus desejos. Sussurre algumas sacanagens. Ele ficará descompensado de tanto tesão.

17 – Amiga do peito

Excite seu homem com beijos e chupadas nos mamilos. Ainda há homens que têm vergonha de admitir que gostam de ser excitados nos mamilos, mas depois que a mulher iniciou, nenhum pedirá para parar. Sim, o homem gosta que chupem seus mamilos, e até mesmo com a mesma técnica que a mulher gosta de ser chupada.

18 – Filmes pornográficos

Isso também é uma questão de preferência. Incluir um filme desses nas preliminares deve ser decidido por ambos, mas.... como é voz corrente que o homem gosta mais e se excita mais com esses filmes do que as mulheres, você poderá escolher um que a agrade e incluí-lo ocasionalmente no cardápio das preliminares. Através do papo, do conhecimento, você descobrirá se esses filmes fazem ou não sucesso com ele. Entretanto, se você os "odeia com todas as suas forças," não se agrida sugerindo uma sessão de filmes pornôs, pois apesar de alguns homens gostarem, a maioria não faz questão.

19 – Dançar nus

Selecione as suas músicas preferidas e dance bem coladinha. Roce seus seios no peito dele, suas pernas no pênis dele. Faça cafuné nos cabelos dele. Dê beijos prolongados durante a dança. É provável que vocês nem esperem a música terminar, de tanta excitação.

20 – Banho juntos

O banho é uma ótima preliminar. Além de deixar claro que ambos estão limpos e prontos para serem beijados, lambidos e chupados, permite carícias únicas. A massagem feita com sabonete, com paradas nos locais mais conhecidos dá um imenso prazer a ambos. Use a imaginação, pois no banho dá para fazer quase tudo e um pouco mais.

21 – Preliminares completas e sempre variadas

Disse no início que não vou citar as preliminares básicas, mas reforço a importância de curtir muito tudo que é feito antes da penetração.Vocês não devem atropelar o ritual da excitação, mesmo que não tenham muito tempo para o ato. O corpo é um complexo erógeno. Toque-o, beije-o todo, descubra o que mais excita o seu homem e capriche nos carinhos.

As delícias do sexo arriscado

22 – Correndo riscos (esta é uma dica de ouro)

Faça sexo oral no seu homem enquanto ele dirige. Se ele souber se controlar no volante, você pode até fazê-lo gozar enquanto dirige. Pode gozar na sua mão (há sempre um lenço de papel em qualquer carro) ou até na sua boca, o que o deixará mais louco ainda. Essas "loucuras" ficam marcadas na memória e geram excitação por muito tempo.

23 – Masturbação ao ar livre

Ao saírem para um passeio de motocicleta, desloque a mão da cintura e vá descendo. Desabotoe a calça dele e o masturbe ao ar livre. Será inesquecível. Como e onde gozar eu deixo para a criatividade de vocês.

24 – O bumbum "inocente"

Se vocês estiverem em pé em um show, em uma festa ou mesmo em uma fila qualquer, encoste o seu bumbum nele. Se o ambiente permitir, pressione com mais força e ao sentir o "volume," roce no pênis dele. Ambos vão se excitar demais e isso esquenta mais que muitas preliminares.

25 – Abusando nas festas 1

Ao dançar agarradinha, cole mesmo. Roce sua "desejada" no pênis dele. Dê sempre uma olhada 360º para perceber se o ambiente permite que o "rala rala" continue ou até mesmo que se intensifique.

26 – Abusando nas festas 2

Durante a dança agarradinha, sempre que possível acarice-o da cabeça aos pés. Passe seus dedos pelos cabelos dele, acaricie a nuca dele. Desça a mão pelas costas, arranhando-o delicadamente. Não precisa chegar nos pés, até porque ninguém entenderia, mas recomendo que fique na região da bunda, beliscando-o com a frequência possível.

27 – Abusando nas festas 3

Um canto escuro, atrás de uma cortina, no banheiro, ou onde a imaginação e uma relativa segurança permitir, são locais altamente excitantes para uma rapidinha ou pelo menos para uma meia transa.

28 – Abusando nas festas 4

Respire o seu tesão no ouvido dele. Fale o que está desejando. Prometa um sexo diferente, pós-festa. Entretanto, não o excite demais, senão ele vai querer sair da festa rapidinho. A não ser que você também prefira trocar uma festa por outra.

29 – Abusando nas festas 5

Em festas em que as mesas são cobertas por longas toalhas, sente-se numa posição em que o pênis dele fique ao alcance do seu pé ou da sua mão. Se as distâncias permitirem, tire sua calcinha no banheiro e dê um jeito de avisá-lo que está sem. Sugira que ele tire o sapato e a meia. Abra-se o suficiente para que o pé dele possa alcançar a "desejada." O restante você saberá como fazer.

30 – Da festa a caminho da cama

Já imaginou que delícia será uma chupada durante o percurso? E que tal desligar o elevador e retomar o sexo oral? Cuidado com os prédios mais modernos, pois os elevadores costumam ter câmeras. Se você mora num andar baixo, pode subir pelas escadas e os degraus poderão ser altamente inspiradores. Se esse retorno da festa for bem depois de meia-noite, provavelmente a garagem do prédio estará sem movimento. Já pensou numa transa no banco de trás do carro? Bem coisa de adolescente.

31 – Acariciando-se para provocá-lo

Quando você estiver com muita vontade de sexo, demonstre isso ao seu parceiro. Em locais públicos você pode transmitir seus desejos pelo olhar. Um olhar, uma mordida de leve nos lábios, uma piscada mais marota. Se o ambiente permitir, passe as mãos lascivamente sobre seus seios, olhando diretamente nos olhos dele. Ele vai querer encontrar o caminho mais curto para a cama.

32 – Realize fantasias sexuais da juventude

Lembra dos amassos mais ousados na varanda da casa dela ou nas escadas do prédio? E do agarra - agarra no carro? Das passadas de mão no escurinho do cinema? Naquela época, no escurinho do cinema você pensou em tirar para fora da calça o pênis de algum dos seus namorados e nunca teve coragem? Saiba que todos teriam adorado. Faça isso agora. É bem provável que a mão boba dele acabe encontrando sua vagina molhadinha. Pense nas outras fantasias da juventude e se proponha a realizá-las. Ele também vai adorar.

PARTE 3

SEXO É BOM E EU GOSTO

DICAS PARA CURTIR TODOS OS MOMENTOS

"Quando é bom, sexo é a melhor coisa do mundo. Quando é ruim, continua sendo muito bom."

33 – Homem adora mulher que curte muito o sexo que está fazendo

Ela tem de demonstrar interesse e muito desejo, e fazer tudo espontaneamente. Nada de ações burocráticas, nem de fazer coisas só porque acha que é uma obrigação da boa amante. O homem tem de sentir que seus desejos são incontroláveis.

34 – Não quero querendo

Quero, mas não quero. Muitos homens gostam da mulher que resiste, mas no fundo quer que ele continue. A mulher tem de saber fazer esse jogo. Há uma hora certa para parar de jogar e se entregar toda. Se a mulher esticar demais a brincadeira, se não souber parar, poderá colocar tudo a perder.

35 – Elogios

A mulher deve elogiar sempre tudo o que gosta no homem. Gosto do seu rosto másculo. Dos seus braços fortes, do seu corpo, dessas pernas de atleta, da sua bundinha dura, etc.

Pode elogiar até alguns "defeitos." Não sei se é dos carecas que elas gostam mais, mas eu adoro beijar essa sua testa larga; sua barriguinha me toca de um jeito gostoso, adoro seu peito sem pelos (ou peludo), etc. E quanto ao pênis, é importantíssimo elogiar sempre e até uma pequena mentirinha pode ser usada, mas não deixe de elogiar o tamanho e a beleza dele. Cuidado com a mentirinha. Se o tamanho for pouco avantajado, não exagere dizendo que é tão grande que até assustou você.

36 – Elogiar o desempenho

Faz bem para o homem saber que você gostou muito. Dizer que quer mais naquele dia mesmo ou que não vê a hora do próximo encontro lustra o ego do parceiro. E se você gostou mesmo, não custa elogiar, não é?

37 – Sexo oral bem feito

É aquele sexo que a mulher avisa antes que vai fazer. Que ela telefona e diz que está com muita vontade. A chupada que a mulher dá, de frente para o homem para que ele possa olhar e perceber o prazer dela. Um boquete é bem feito quando a mulher usa e abusa do parceiro, em razão de ter muito prazer em chupá-lo. Na parte 7 você terá um conjunto completo de dicas sobre como levar o homem à loucura através do sexo oral.

38 – A satisfação de ambos

Mais do que a atitude, a mulher deve fazer o que quiser, o que tem vontade, e acentuar naquilo que o parceiro demonstrou gostar mais. Essa demonstração de sede de satisfazer seus desejos é muito excitante para o homem.

39 – Mulher que topa todo tipo de sexo em todas as posições

É lógico que aqui as pessoas que responderam nossa pesquisa se referem mais às mulheres que fazem sexo anal normalmente. Homem gosta quando a sessão de sexo é feita por completo. Papai e mamãe apenas é bom, mas deixa sempre um gostinho de quero mais, ou de quero muito mais. A mulher mais desejada e amada é a que literalmente está aberta para todas as experiências sexuais, até para um papai e mamãe incrementado com movimentos, olhares e gemidos.

40 – Anal com orgasmo

Além de gostar da mulher que faz sexo anal, homem adora a que chega ao orgasmo. Ele sente que não está sendo egoísta realizando apenas os desejos dele. A mulher leva o homem à loucura quando gosta de anal, rebola muito demonstrando que está louca de excitação, levanta a bunda e pede para o homem colocar mais e chega ao orgasmo. Sexo anal tem um componente maior de sacanagem, e isso estimula seus praticantes.

41 – Rebolar

A mulher tem de rebolar muito. O movimento do corpo dá mais satisfação a ambos. A mulher que pratica alguns tipos diferentes de movimento agrada mais seus parceiros. Quando se movimenta com vigor, demonstra que está gostando. Os rebolados provocam mudanças na fricção do pênis e isso aumenta o prazer de ambos. O tipo e a velocidade do rebolado acabam dando muitas informações. Normalmente é crescente quando estiver próxima do orgasmo. Mulher parada, definitivamente não.

42 – Mulher deve demonstrar que gozou

Solte gemido, grite ou mexa o corpo de modo a não deixar nenhuma dúvida de que teve um grande prazer. O homem fica meio perdido quando a mulher não "informa" que gozou. Isso pode tirar parte do prazer do orgasmo da mulher, pois, sem saber que ela gozou, ele continua com os movimentos. O homem, mesmo sem ter chegado ao orgasmo, goza um pouco, cada vez que a mulher tem um orgasmo.

43 – Orgasmos múltiplos

Há mulheres que gozam rapidamente. Essas normalmente têm orgasmos múltiplos ou gostam de gozar muitas vezes. Duas coisas que o homem gosta quando tem relações com esse tipo de mulher: que ela demonstre se quer parar após cada orgasmo ou que diga se ele deve continuar. Se gozar e não falar nada, o homem vai dar um tempo para ela curtir que gozou gostoso. Se ela tem orgasmos múltiplos, é importante falar para o homem não parar. Detalhe: o homem adora quando a mulher fala – não pare, não pare, continue assim que está muito gostoso, vou gozar de novo, etc. – ou que diga – gozei muito gostoso, quero curtir esse prazer. Vamos parar e recomeçar daqui a pouco?

44 – Não trocar uma relação sexual por nada

Se a relação está planejada, se já foi marcada e é desejada, não a troque por um chá com a mãe, ou por uma visita a uma amiga que chegou de viagem ou por compras no shopping. Demonstre o valor e a prioridade que você dá aos seus momentos de amor e sexo com ele.

45 – Mulher que demonstra gostar muito do pênis do amado

Ela segura com carinho e firmeza. Beija e chupa com um prazer único. Admira, elogia e agrada. É diferente de fazer sexo oral bem feito. O homem gosta da demonstração de paixão pelo seu falo.

46 – Uma dama na sociedade e uma puta na cama

É um clichê, mas parece mesmo que é isso que agrada os homens. Se você gosta de um gentleman na rua e de um cafajeste na cama, a sintonia é total.

47 – Gozar juntos

O casal atinge a perfeição quando se conhece a ponto de ter orgasmos simultâneos. Um casal que se afina até nesse momento com certeza combina em outras coisas. Ambos podem descobrir o *timing* do parceiro e acelerar ou segurar um pouco para atingir juntos o clímax. Esse prazer é único.

48 – Faça massagem com a língua

Não só o pênis adora uma língua. Sinta a textura diferente da pele do seu homem nas mais diversas partes do corpo. Toque o corpo todo dele com as mãos e nos lugares mais propícios use sua língua de forma bem atrevida e faça uma massagem localizada. Use a língua dura para cutucar e deixe-a mole para lamber. Ele vai adorar.

49 – Orientando os toques do parceiro

É importante orientar o homem quanto aos seus toques, principalmente no clitóris. A mulher deve dizer se aquele é o lugar certo para tocar, se deve ser um pouco mais para a direita ou para a esquerda, um pouco mais forte ou um pouco mais leve. Se o toque for com o objetivo de atingir o orgasmo, a mulher deve "ensinar" o homem a fazer do jeito que ela mais gosta. O homem gosta dessa orientação, porque ele tem muito prazer em dar prazer para a mulher. E tem mais, um dia ele aprenderá o caminho das pedras ou, melhor, o modo de tocar e de dar prazer, e aí você não precisará falar mais nada.

Se você não gosta muito de falar sobre onde e como ele deve toca-lá, exercite a arte dos gemidos. Ele vai entender um gemido de muito prazer, quando tocar você no lugar certo. E sempre que você estiver calada, ele saberá que ainda precisa continuar a busca ao tesouro.

50 – Ponto G

A maioria dos homens não é egoísta sexualmente. Gosta muito de dar prazer para a parceira. A descoberta do ponto G é uma missão de ambos. A mulher precisa se conhecer ou se sentir e orientar o homem nessa busca. Uma vez encontrado, ela deve orientar o homem sobre a forma de tocá-lo, para viver o prazer único que esse ponto pode proporcionar.

51 – Gosta da mulher que se dedica a estimulá-lo após o primeiro orgasmo

Há homens que aprendem a gozar sem ejacular e por isso conseguem repetir mais relações. Mas há homens que têm vigor para gozar ejaculando várias vezes, por mais que seja sabido que a ejaculação dá um grande desgaste físico. Você pode ajudar muito na retomada da ação. Um sexo oral bem feito pode fazer o milagre que voltará a dar prazer para ambos.

52 – A importância de identificar o *timing* de cada coisa durante a relação sexual

Fazer as preliminares e curtir diferentes posições no tempo adequado. Ao perceber que o parceiro que sabe controlar seus orgasmos chegou ao seu momento de gozar, ela o ajuda, seja com movimentos mais acentuados, com frases estimulantes, seja com uma masturbação para que aumente o seu grau de excitação ou até mesmo com um providencial estimulo oral.

53 – Mulher delicada e feminina

Apesar de o homem gostar que às vezes a mulher tome a iniciativa, em geral ele se estimula ao sentir que a parceria é frágil e até submissa. Saber que a mulher precisa da segurança que ele pode dar e que pode defendê-la, estimula o seu lado de macho protetor.

54 – Demonstre que só pensa "naquilo"

A voz corrente é de que o homem só pensa em sexo. Aparentemente ele pensa mesmo mais que a maioria das mulheres. Só que o homem adora as parceiras que demonstram que gostam de sexo, e que falem sobre isso sem preconceito. Ouvir propostas "indecentes" a qualquer hora do dia deixa o homem muito excitado e feliz por ter uma parceira que gosta de sexo tanto quanto ele.

A rotina mata o sexo, não a deixe nascer

55 – Ocasionalmente tome a iniciativa

Homem adora que a mulher o encoste na parede e que o pressione com seu corpo. Os beijos e abraços ficam mais quentes. Gosta que a mulher o domine na cama e faça tudo que desejar. Vou repetir algumas vezes que o homem gosta muito de sentir que de vez em quando a mulher está no comando.

56 – É dando que se recebe

Uma das respostas à nossa pesquisa dizia: "Gosto de mulher que tem atitude antes de ir para a cama e mais atitude ainda na cama. A mulher não pode ter vergonha de nada. Tem de saber atacar e se entregar toda. É muito ruim a mulher passiva, que fica sempre esperando a minha iniciativa". Preciso adicionar algum comentário?

57 – Mulher criativa

Inventar posições e sair da rotina é um dos grandes anabolizantes do sexo. Agora você poderá se valer deste livro para ter novas idéias, mas há também vários sites e diversas revistas que dão indicações de posições sexuais. Aumente suas alternativas e ponha fogo no seu relacionamento.

58 – Realizando fantasias

Homem adora realizar fantasias da parceira. Gosta da mulher que também saiba ouvir as suas fantasias, entendê-las, e se esforce para realizá-las. Qualquer esforço para descobrir as fantasias do parceiro será recompensado com prazeres reais.

59 – Imprevisibilidade

É muito bom quando a mulher tem comportamento sexual imprevisível. Mesmo que ela tenha planejado o imprevisto que vai causar. A rotina pode representar a agonia de um relacionamento.

60 – Rapidinhas planejadas e inesperadas

Acertando ou não com ele, faça com que de vez em quando aconteça uma rapidinha durante o dia, ou antes de sair de casa pela manhã, ou no banho logo ao chegar do trabalho. Surpreenda-o. Dê banho nele. Pode até ser que a sessão principal não ocorra nesse dia, mas a rapidinha sempre tem um sabor especial.

61 – Ampliando o uso dos travesseiros

Use travesseiros ou almofadas para provocar mudanças nos ângulos de entrada. Toda fricção diferente é estimulante para ambos. Tente.

62 – Tapinhas de amor ou arranhões

Descubra se ele gosta e como gosta. Isso pode ser perguntado, como quem não quer nada, em um papo na mesa de um barzinho ou de um restaurante. Aproveite todas as oportunidades para fazer perguntas dissimuladas Assim você descobrirá as preferências e restrições dele. Diga a ele ou demonstre se você também gosta e prepare-se para uma surra de leve, mas muito excitante e dada com amor e tesão.

63 – O cafuné também esquenta o homem

Homem gosta de cafuné. Abuse disso quando ele estiver dirigindo, quando estiverem dançando e mesmo quando estiverem a sós no quarto. Demonstrações de carinho deixam o homem extasiado.

64 – Ative o homem com a sua respiração

Entre beijos, mordidas e lambidas, faça seu parceiro sentir a sua respiração da orelha aos pés. Uma lambida bem dada na orelha, acompanhada de uma mordiscada no lóbulo e o respirar do seu tesão ativa qualquer homem. Você pode fazer com que ele sinta um respirar mais forte ao longo do corpo. O ar quente da sua respiração, principalmente em dias um pouco mais frios, causa arrepios de tesão no homem.

65 – Seja criativa

Nada de monotonia, nada de repetir sempre as mesmas posições, na mesma sequência, fazendo tudo do mesmo jeito. Mesmo sem muita criatividade, qualquer um sabe como fazer algumas variações. Fuja do sexo previsível e da rotina broxante.

66 – A ousadia que alucina

De vez em quando, vá ao encontro dele sem calcinha. Faça com que ele perceba isso. Se não perceber, dê a informação ou pergunte: você percebeu que estou sem calcinha? A resposta completa você já sabe qual será.

67 – Preocupe-se com as pequenas coisas

Compre calcinhas "especiais" num sex shop. Há muita variedade, inclusive calcinha que tem uma abertura no lugar adequado e permite a penetração do pênis sem tirá-la. Ele vai gostar de saber que você se preocupou em agradá-lo, dando-lhe esse "presente."

68 – Nua e vestida

Crie uma situação em que você possa ir ao encontro dele ou recepcioná-lo sem nenhuma roupa por baixo. Use apenas um casaco ou um vestido que não seja transparente. Encontre o momento certo para "se mostrar." Já pensou como será excitante se você estiver sozinha com ele em um elevador e desabotoar o casaco? (por motivos óbvios, e para você não se esquecer, eu repito esta dica no capítulo "apimentando o sexo")

Evitar coisas broxantes é dever de todos

69 – Escolha outros momentos para discutir a relação.

Em nenhuma hipótese fale em desgraças ou de problemas cotidianos na hora do sexo. Evite falar de assuntos extra-amor. Essa também não é hora para discutir a relação. Se vocês foram para a cama com objetivo de fazer amor, não mudem o foco.

70 – A preguiça para o sexo acaba com o tesão

Não demonstrar preguiça ou desinteresse antes e durante o ato. Não há tesão que resista a demonstrações de pouca disposição ou falta de interesse em fazer sexo. Isso vale para ambos.

71 – Sexo como obrigação de rotina

Ninguém deve "aceitar" fazer sexo por obrigação. Você tem todo o direito de não querer fazer sexo, mas negocie isso antes de ir para a cama. Uma vez lá, relaxe e aproveite. Para o sexo ficar bom, basta começar.

72 – Sem cobranças

A mulher pode e deve expor seus pudores. Não precisa fazer nem ouvir o que não deseja. Mas se deu dicas de que gosta de ouvir palavras mais pesadas e palavrões, se deu demonstrações de que se excitou com as frases mais fortes, não pode depois cobrar do parceiro. Não pode topar tudo sem repreender o homem e passados os momentos mais calientes começar a "perguntar" - você acha que sou vadia mesmo? Você me acha uma puta? Nada desse tipo de cobrança, pois isso pode deixar o parceiro com sentimento de culpa. Poderá, entretanto, num momento propício, combinar a não repetição daquela prática.

73 – Não compare o homem da vez com os fantasmas do passado

A mulher deve comentar o que gosta no corpo do amado, sobre seu pênis e o desempenho, sem NUNCA comparar a forma de fazer sexo com a dos ex-parceiros. Nem que seja elogiosa para o atual. Valorize o homem da vez, e pelo menos quando estiver com ele, esqueça tudo o que vivenciou com os anteriores.

74 – Sem distrações

Durante a relação sexual, não boceje, não cutuque uma espinha, não cante, não fale coisas sobre o dia a dia. Mesmo que você lembre de alguma coisa importante para ele, deixe para falar bem depois de terminar o ato. Tudo isso quebra o clima. Lembre-se de que para o homem é exigida a ereção. Dependendo do que acontecer, a ereção pode ser interrompida. Esse é o típico prejuízo que não vale a pena, não é?

75 – Não fingir orgasmos

Homem não gosta de mulher que finge o orgasmo. Muitas vezes ele não fala nada, mas percebe. Isso poderá prejudicar as futuras relações sexuais. Se o homem começa a transa já sabendo que a parceira vai fingir, o entusiasmo dele se esvai.

PARTE 4

APIMENTANDO O SEXO

76 – Apimentar com frases eróticas e palavrões

A mulher pode falar o que está sentindo e está querendo. Pode dizer "vem meu macho gostoso, vem com força", ou "me come devagarzinho, safado, gostoso, meu garanhão, macho." Você verá mais frases desse tipo no caderno lacrado, onde também tem palavrões bem mais fortes. Só deverá ser lido por quem não se incomodar com palavrões ou gostar desse tipo de *dirty talking*.

77 – Conte suas fantasias

Seu parceiro vai adorar realizá-las. Ele vai viajar nelas com você. É importante que você saiba ouvir as fantasias dele, entendê-las, e se esforçar para realizá-las. Como ninguém realiza uma fantasia sozinho, esse é um bom momento para se sintonizarem com o prazer de cada história.

78 – Variação de lugares

Escolha lugares diferentes para fazer sexo, seja em casa, ou em praias, mato, carro, estacionamentos, garagem do motel etc. Todas as variações são aditivos para o sexo. A simples mudança do lugar já apimenta a relação.

79 – Use e abuse dos espelhos

O espelho serve de máquina fotográfica mental. Tudo o que você vê nele fica registrado na mente e as lembranças ficam recorrentes. As imagens de você sendo possuída a excitam no momento e ficam marcadas por muito tempo, erotizando você. Deixam um gostinho de quero mais. Ambos podem olhar e curtir o tesão adicional que um espelho é capaz de dar.

80 – A língua é sempre mágica

Saiba usar bem a língua Seja criativa, faça experiências. Tente fazer sexo oral no seu parceiro logo após tomar água gelada. Se preferir, pode até colocar uma pedra de gelo na boca. Você já o chupou com um bala de menta ou com Halls na boca? E depois de chupar, deu alguns assoprões? Ele vai adorar as novidades. Pode chupá-lo também com Nuteala, leite condensado, geléias com vinhos espumantes e com tudo o mais que a sua criatividade indicar.

81 – Faça algo que seja inesquecível

Faça algo muito bem feito: beijo, sexo oral diferente, um rebolado, uma posição especial etc. Tenha uma marca registrada. Pratique algo no sexo com perfeição e inovação, e isso a tornará insubstituível. Leia o capítulo sobre "A dica de um milhão de dólares."

82 – Sessão Aventura

Uma lua-de-mel fora do tempo. Aventurar-se em viagens ou locais diferentes. Aventura é uma coisa, lugar perigoso é outra. Não confunda. Essas quebras de rotina são ótimas para ativar as relações.

83 – Gozar na boca

Homem adora uma sacanagem. O orgasmo na vagina é muito intenso e prazeroso, mas pelo componente adicional de sacanagem o homem adora gozar na boca da mulher. Se você gostar, já sabe que os homens consideram isso um fator de diferenciação entre as mulheres. As que gostam que os homens gozem em suas bocas e engolem o líquido ocupam um lugar especial no pódio.

84 – Gozar sobre a mulher

A nossa pesquisa bate com outras já divulgadas pelo mundo afora no que tange ao prazer que o homem tem de ver a parceira se masturbando. Ele gosta de gozar sobre o corpo da mulher, sobre seus seios, enquanto a mulher se masturba. Gozar juntos é a glória.

85 – Sexo narrado

É bom quando a mulher fala o que está sentindo e como está sentindo. Quando pede para o homem fazer mais depressa ou mais devagar, quando pede para por tudo ou só a pontinha. Quando fala com entusiasmo sobre o prazer que está sentindo. Isso tudo excita muito o homem, pois sente que a mulher está transbordando seu prazer. Tem gente que prefere ficar calada durante a relação sexual e não há nada de errado com isso. Tudo é uma questão de preferência, mas você pode ter a certeza de que sexo narrado tem um quê a mais. Vale a pena experimentar (saiba mais no capítulo 9).

86 – Acordar com uma surpresa

Principalmente naquelas noites em que o homem está cansado ou chateado e só quer dormir, a mulher pode colocar o despertador para um pouco mais cedo e fazê-lo acordar, por exemplo, com uma sessão de sexo oral. Essa surpresa o deixará excitado por muitos dias. Dificilmente ele sairá de casa deixando-a na mão. Tem jeito melhor de começar o dia?

87 – Sexo vestida

Transar ainda com algumas peças de roupa. Dê um ar de "coisa proibida." Comece a transa ainda com uma boa parte das roupas. Não tire a calcinha. Apenas afaste-a.Você se excitará e ele enlouquecerá.

88 – Cabelos que excitam

Acaricie-o com os seus cabelos. Se você tiver cabelos longos, molhe-os no banho e quando ele estiver deitado, após uma primeira transa, por exemplo, acaricie-o com seus cabelos. Deslize seus cabelos sobre o corpo dele. Passe nas partes principais. Se ele já estiver se excitando, você pode até movimentar a cabeça com mais força e "dar uma surra" nele com seus cabelos.

89 – Herança de Afrodite

As revistas femininas estão cheias de sugestões de comidas e bebidas afrodisíacas. Pesquise também na internet e de vez em quando prepare uma refeição, uma sobremesa ou um drinque afrodisíaco. Para sobremesa, que tal chocolate com pimenta? Saiba usar com competência a herança que Afrodite legou às mulheres.

69 – O número da dica é intencional

Não importa a sequência em que o 69 pode acontecer. Essa posição pode fazer parte do antes e do durante, em qualquer relação. Varie-a. Faça se colocando por cima e em outro dia fique por baixo. Curta muito, pois esse é um dos ícones da "sacanagem". Rebole sempre a vagina na boca do parceiro, rebole muito, procure a posição que lhe der mais prazer e a partir daí, enquanto a língua e as mãos dele trabalham, transfira toda a excitação para o ato de chupar o pênis dele. Gozar ou não nessa posição é uma decisão só de vocês.

91 – Nada de monotonia

Evite o sexo com programação de dia e de hora. Não repita sempre a mesma sequência de posições. Fazer tudo sempre igual tira a expectativa da surpresa. Todo tipo de variação é importante e desejável. Isso é um dos temperos do amor e do sexo. Apimenta a relação.

92 – Despida onde mais interessa

Receba-o ou vá ao encontro dele sem sutiã nem calcinha. Normalmente ele deverá perceber e comentar sobre seus seios livres. É provável que ele perceba que você também não está usando calcinha. Se não perceber, provoque-o com outras perguntas como "Gostou de me ver sem sutiã né? Consegue imaginar o que mais não estou vestindo?" Tudo leva a crer que a adivinhação será imediata. Prepare-se para a rápida reação dele, movido pelo tesão. Quem provoca tem de assumir as consequências. Que bom, não é?

93 – Para o alto com a roupa de baixo

Surpreenda-o com o uso de *lingeries* mais quentes. Nos *sex shop* há calcinhas com abertura na frente que permite a penetração imediata. Há conjuntos de lingerie para todos os gostos. Ao caprichar na escolha da roupa de baixo, levará o tesão dele para o alto.

94 – Despida e com roupa

Crie uma situação em que você possa ir ao encontro dele ou recepcioná-lo sem nenhuma roupa por baixo. Use apenas um casaco ou um vestido que não seja transparente. Encontre o momento certo para "se mostrar." Já pensou como será excitante se você estiver sozinha com ele em um elevador e desabotoar o casaco?

95 – Use travesseiros para não dormir

Travesseiros ou almofadas provocam mudanças nos ângulos de entrada. Toda fricção diferente é estimulante. Você pode calçar o seu corpo tanto quando estiver de frente como também de costas.

96 – Entre tapas e beijos

Já descobriu se ele gosta de um sexo mais selvagem? E você, gosta? Há tapas e tapas. Aqueles dados com tesão, no momento certo, apimentam o sexo. Os tapas não precisam necessariamente ser acompanhados de palavrões, mas isso também é uma questão de gosto. Falem a respeito das suas preferências e dos limites. Encontrem as formas de fazer esse sexo mais selvagem.

97- Homem também tem ponto G

Dentre as preferências todas que você precisa descobrir, uma das mais importantes é saber se seu parceiro gosta de "fio terra". O estímulo da próstata através da introdução do dedo no ânus dele, pode propiciar orgasmos extraordinários. Para muitos homens isso fere sua masculinidade, mas em nossa pesquisa mais de 30% afirmaram gostar. Esse preconceito dos homens é muito bobo, mas que existe, existe. Os que são mais liberados sabem aproveitar melhor todos os prazeres do sexo. Se o seu parceiro gostar ou decidir experimentar, enfie um dedo no ânus dele e dirija-o na direção do saco. No caminho, você encontrará a próstata. É uma glândula do tamanho de uma noz. Faça carícias lentas e sinta se ele está gostando. Intensifique os movimentos sem forçar demais a próstata. Ele chegará a um orgasmo indescritível.

98 – Carícias e lambidas no períneo

A pequena região localizada entre os testículos e o ânus é altamente excitante para o homem. Lambidas bem dadas nessa área farão muito sucesso. Há uma "costura" nessa área. É a parte mais sensível. Você pode acariciar de leve com os dedos ou dar lambidas. Não deixe de dar algumas lambidas com a pontinha da língua sobre a costura apenas. Intercale com lambidas mais ousadas, já com a língua bem larga.

99 – Vista-se de garçonete

Se o programa da noite for um jantar caseiro a dois, receba-o apenas de colete, de avental ou só de gravata borboleta. Preciso comentar que nível de "serviço" ele exigirá? Vocês terão nessa noite um belo banquete sexual. E não esqueçam, arrumem um tempinho para o jantar propriamente dito.

100 – Pichadora

Aprenda a escrever alguma coisa romântica ou tesuda de trás para frente, e escreva no peito dele com batom. Depois o leve até um espelho. Ele lerá a frase e o impacto é sempre muito gostoso.

101 – Banhos quentes

Dê banho nele e o ensáboe com o seu corpo. Use seus seios e outras partes do corpo para ensaboar o corpo dele. Faça massagens eróticas com seu corpo e com suas mãos. Abuse do momento do banho. Ajoelhe-se e faça sexo oral nele. Se você não gosta muito que ele goze na sua boca, o banho é um ótimo lugar para fazer esse "agrado" a ele. Faça sexo oral combinado com masturbação até que ele goze na sua boca... mas você pode cuspir ou deixar escorrer pelos lábios, sem que ele perceba restrição da sua parte.

102 – Use e abuse dos brinquedos eróticos

Normalmente, os brinquedos são para ser usados em você, mas o homem também se excita muito com a brincadeira. Há um capítulo dedicado ao uso dos brinquedos. Não deixe de ler, pois ele demonstra como transformar peças e coisas ingênuas encontráveis em qualquer casa em eficazes brinquedos eróticos.

103 – Crie ou pratique jogos de sedução

A sedução tem de ser constante no amor e no sexo. O sabor das surpresas realmente apimenta o relacionamento. Desenvolva o hábito de praticar os jogos de sedução. Há diversos exemplos deles neste livro.

104 – Quem dança não dança

Aprenda a fazer *streep tease* ou outro tipo de dança erótica. Faça um curso ou pratique sozinha. A dança tem tempo certo para acontecer. Não deve se estender demais. Entre um movimento e outro você pode ir tirando algumas peças de roupa dele também. Se ele estiver sentado, você pode provocá-lo roçando seus pés , seus seios ou sua bunda no pênis dele ou até mesmo pode dar beijos e rápidas chupadas. Para quem não gosta da ideia e considera "ridículo" o ato de dançar, sugiro que faça pelo menos um ritual de encantamento, despindo-se calma e eroticamente.
Desculpe-me por dar um aviso. Se você não está satisfeita com as formas do seu corpo, não abuse do recurso da dança e do *streep tease.*

Brinquedos & jogos eróticos já existentes em casa

Há 30 anos o Relatório Hite da Sexualidade Feminina, elaborado por Shere Hite, sexóloga americana, já identificava que 48% das mulheres faziam uso de brinquedinhos eróticos.

Hoje temos consciência de que tanto os brinquedos como os jogos sexuais ajudam as pessoas, principalmente as mais tímidas, a romper barreiras e se realizar sexualmente. Como eles mexem com fantasias, levam à realização de "coisas diferentes e quase impossíveis" de forma mais descontraída. Afinal, se você apostou no jogo sexual e disse que se perdesse concordaria com um inusitado sexo anal, não terá como negá-lo.

Você perceberá que eu misturo jogos de sedução com jogos sexuais e com brinquedos sexuais, porque este não é um livro de definições e conceitos, mas sim um manual que demonstra e ensina as pessoas a encontrar mais prazer na vida, através da realização sexual. E como não vale a pena ficar explicando quando um jogo de sedução se transforma em jogo sexual e se o uso dos brinquedos faz parte dos jogos sexuais, vamos em frente, tratando de forma descontraída da prática de cada um.

Brinquedo é quase um sinônimo de coisa gostosa, amiga. Sempre gostamos de brinquedos, não é? Para a mulher, os brinquedos têm também uma característica educativa. Ao utilizá-los sozinha, ela vai aprender a se conhecer melhor. Vai descobrir os pontos de maior prazer e com isso os caminhos para o orgasmo. Isto ajudará no relacionamento sexual com seu parceiro. Os brinquedos são "divertidos" e dão muito prazer ao casal quando descobrem juntos como utilizá-los.

O homem adora dar prazer para a mulher e o uso dos brinquedos permite associar o prazer dos dois a muita sacanagem, o que é um componente importante nas relações mais quentes e descontraídas. As brincadeiras eróticas, tanto nas preliminares como durante as relações sexuais, excitam o casal e fazem explodir o tesão.

Não sou contra os brinquedos e jogos comprados nos *sex shops*, muito pelo contrário, você poderá encontrar coisas muito estimulantes e excitantes. Meu interesse entretanto, é demonstrar que sem gastar dinheiro, mas com criatividade, você poderá transformar diversos objetos de uso diário em ótimos e eficazes brinquedos sexuais.

E tem uma coisa muito mais importante. Um jogo sexual criado por você ou por ele poderá dar um prazer único, jamais conseguido em um jogo comprado, que às vezes exige pós-graduação para jogar.

Será que existe jogo mais excitante do que um que permita, a você realizar a fantasia dos seus sonhos?

Você poderá adaptar inocentes jogos da adolescência e mesmo já da idade adulta, em jogos apimentados que se transformarão em fortes aliados para "quebrar gelo" e até mesmo para conseguir "os prêmios dos sonhos." Dê asas à sua imaginação e, para facilitar, use como inspiração os nossos exemplos.

Deixe que a criatividade, a inspiração e a sorte ditem o rumo do seu prazer.

Os jogos podem ter um "caráter educativo". Através dele você pode conduzir o parceiro para fazer sexo do jeito que você gosta. Exemplo: A mulher que se excita muito nos seios, mas seu parceiro a chupa menos do que ela gostaria, pode determinar no jogo quantos minutos de chupada quer, ou que ele a chupe até que ela diga que pode parar. Quando o parceiro "perder" no jogo, aprenderá quanto tempo a mulher gosta de ser chupada. Da mesma forma, ela pode usar o jogo para que o parceiro "aprenda" a chupar o seu clitóris do jeito que mais gosta, mesclando com penetrações da língua na vagina, ou com a massagem ou penetração anal com um dedo, enquanto a chupa. Pode dizer – hoje eu quero que você chupe apenas a parte superior do meu clitóris, sem tocar nele, ou quero que deixe sua língua bem larga e chupe minha vagina só pelas laterais até chegar no clitóris etc. etc.

A mulher pode usar o jogo para descobrir como o homem gosta de praticar sexo. A cada vez que ele perder, terá de responder uma ou duas perguntas. Exemplo: Você gosta que eu fale durante o sexo? Que tipo de coisa você gosta que eu fale? Quais as coisas que se eu falar você não gostaria ou mesmo broxaria?

Num jogo você pode perguntar se ele gosta de fio terra etc.

No caso do homem, ele também poderá "ensinar" muita coisa à parceria. Pode pedir que ela chupe pontos que ele gosta, até então inexplorados, como os mamilos, as bolas, a região do períneo, os pés, etc.

O jogo pode servir, por exemplo, para você pedir que o parceiro faça alguma coisa que você goste e que ele não faz por não saber o quanto você gosta.

Se você tem o Kama Sutra em casa, faça muito uso dele (se não tem, compre um). Quem ganhar ou perder, abrirá aleatoriamente o livro. A posição que estiver na página aberta será a realizada.

O jogo serve para que um descubra quais são as fantasias do outro.

Nos jogos eróticos até os perdedores ganham muito.

Finalizo sugerindo que, se no aniversário dele você está meio sem inspiração para presenteá-lo, dê uma garrafa de vinho para que ele possa mostrar aos amigos e passe por um *sex shop* e compre um jogo erótico. Ele vai adorar e vocês comemorarão em grande estilo.

Outros bons motivos para jogar

Há dias em que coisas ruins ou diferentes acontecem e mexem com o humor de ambos ou de um dos dois.

Em determinados períodos da vida o estresse perturba o

tesão espontâneo.

A monotonia da vida sexual é evidente e o erotismo está em baixa.

Para todas essas situações o jogo sexual se presta como instrumento de mudança.

Nos jogos sexuais não há perdedores. Aqui não vale a máxima "sorte no jogo, infeliz no amor." Nesses jogos muitas vezes o melhor prêmio fica para os perdedores.

Jogos de sedução antes do encontro

105 – Mensagens pessoais

Torpedos, telefonemas, e-mails e até telegramas (pois é, telegramas ainda existem e ele nunca vai imaginar que você poderia enviar um, com texto bem provocativo) podem ser usados para "jogar" durante o dia e explorar o imaginário um do outro. Podem ser utilizados para fazer perguntas mais apimentadas ou até mesmo para propostas indecentes. Já pensou qual a reação do seu parceiro se você enviar um torpedo para ele perguntando: Adoraria que estivesse comigo agora. Sabe o que eu faria com você?
Ou provocá-lo dizendo, "Estou sonhando acordada com tudo que quero fazer nesta noite de amor e muito sexo."
"Chegue mais cedo. Quero chupar muito você durante o banho."
"Estou esperando para que você faça comigo tudo o que quiser."

106 – Surpresas

Mande presentes para ele. Surpreenda-o com flores, dê de presente, alguma coisa que você sabe que ele gosta. Surpreenda-o com livros, chocolates ou bebidas. Use qualquer das opções e envie para onde ele estiver. Tudo isso deve ser acompanhado de um cartão com mensagem bem sensual. Ou, se você preferir, a mensagem pode ser explícita, ou seja, bem sexual.

107 – Jogando em lugares públicos

Comecemos pelos jogos sexuais, pois muitas vezes eles podem ser realizados até mesmo na fase da conquista, ou como quebra-gelo (tratamos disso no capítulo das preliminares).

Jogar na fase da conquista cria intimidade, derruba muitas barreiras, revela preferências e desejos e põe fogo no relacionamento.
Experimentem o jogo de "completar frases."
Depois de muito papo furado, já que os dois estão com todos os desejos explícitos, mas reprimidos, que tal pegar os guardanapos do barzinho ou restaurante e escrever frases deixando o parceiro completar? Façam um acordo de só dizer a verdade, de falar dos seus desejos reais e de que o outro terá de ler a frase que foi completada, interpretando o texto com sensualidade.
As frases são escritas alternadamente. Você começa e depois será a vez dele.
Exemplo:
A – Adoraria ganhar agora um...................seu.
Se ele completar com um pisão no pé ou um tapa, ponha ordem na brincadeira e diga que o acordo é ser sincero e dizer a verdade.
B – Antes de ir para a cama eu me excito com......
C – Nas preliminares eu adoro..............................
D – Durante o banho a dois eu gosto de..............
Essas frases podem se repetidas por inúmeras vezes, até que se esgote o assunto.
Perceba como o jogo está se desenrolando e qual é a hora de apimentar ainda mais as frases. Não perca nenhuma oportunidade de ampliar os descobrimentos e a excitação. Sei que na hora que vocês não aguentarem mais de tanta excitação, poderá surgir uma frase mais ou menos assim: ao invés de continuarmos este jogo, que tal irmos para o....................................?
Esse jogo de "completar frases" pode ser jogado também por casais que já têm muitos anos de convivência. As frases podem ser mais picantes e permitir que segredos e desejos sejam revelados.

108 – Jogo do "par ou ímpar" ou "cara ou coroa" com uma moeda

Estabeleçam como regra que quem perder terá de fazer aquilo que o outro quiser. Pode ser escrita uma relação dos "prêmios" que cada um ganhou.
Estamos combinados, vamos começar? Se você perder eu quero sexo anal ou eu quero gozar na sua boca ou eu quero transar em cima da máquina de lavar roupas... deixe sua criatividade e seus desejos mandarem no jogo.

109 – Jogo da forca e do quente e frio

De tão comuns creio que nem preciso detalhar como são esses jogos. Sejam criativos ao estabelecer os prêmios para os vencedores. Também através deste jogo muitos tabus poderão ser quebrados. Basta colocar a prêmio a realização de algum desejo até então não satisfeito, mas que possa ser aceito sem grandes restrições pelo parceiro.

110 – Adivinhando quem é a personalidade pública

Consiste em descobrir qual é a personalidade pública pensada pelo parceiro.
O parceiro imagina uma pessoa famosa (Pelé, por exemplo) e dá ao outro a chance de seis perguntas para que ele descubra quem é a pessoa.

Exemplo de perguntas: é um político? – Não
É um cantor? – Não
É esportista – Sim
Jogador de futebol? Sim
Joga atualmente? Não
A pessoa da vez já pode arriscar a resposta. É o Romário? – Não
Arrisca de novo – É o Pelé? – Simmmm
Regra: O jogo pode permitir até certo número de perguntas. Estou sugerindo seis, mas pode chegar a 10. Se a pessoa não acertar com a quantidade de perguntas combinada, perderá a vez e sofrerá a penalidade prevista.
Será a vez de o outro pensar numa personalidade.
Um dos pontos altos do jogo é saber escolher os prêmios e as penas.

111 – Qual é o filme

Normalmente jogado em grupo, onde as pessoas se utilizam da mímica para expor o filme e os espectadores vão tentando adivinhar, pode ser jogado entre duas pessoas. Os prêmios e as penalidades podem estar escritos em uma relação. Essa relação pode ser escrita em conjunto. Desde o momento em que a relação estiver sendo escrita, o nível do erotismo já se elevará. Pode ser jogado também determinando que a pessoa que não acertou o filme "perdeu" e em razão disso é obrigada a tirar uma peça de roupa, ou "pagar uma multa" realizando algum ato previsto na relação previamente preparada.

112 – Qual é a música?

Um fala uma palavra e o outro precisa cantar um trecho de qualquer música que contenha tal palavra.
Estabeleçam em conjunto quais serão os prêmios e as penas, para vencedores e perdedores.

Outros jogos

Tente se lembrar dos jogos do tempo da adolescência ou adapte brincadeiras recentes. O importante é criar um clima de erotismo. Ambos já sabem qual será o final, mas antes de chegar lá, decidem quem curtirá o ritual da sedução e da conquista dos prazeres que estão reservados. Com certeza a atração sexual, os próprios corpos, a paixão e o amor são os melhores afrodisíacos, mas os jogos são ótimos companheiros. Impulsionam e inovam a vida sexual, principalmente porque são ótimos para revelar desejos ocultos, fantasias e fetiches.

Jogos comuns viram sexuais

113 – Tudo dá jogo

Transforme jogos e coisas comuns em jogos sexuais. Se você tem daqueles dados eróticos comprados em um *sex shop*, já sabe como usar. Se não os tem, não se desespere. Pode brincar com os dados comuns.
A partir da decisão de que vocês vão brincar com um jogo sexual, o erotismo começa a aumentar.
Preparem-se para o jogo, escolham o local. Que tal abrir uma garrafa de *champagne* ou tomar o *drink* preferido?
Criem agora uma lista de "atividades" correspondentes a cada número resultante do jogo dos dois dados. O simples ato de fazer a lista já é o início do "jogo do amor". Pode ser uma lista com dois desejos de cada um, para ser decidido por números menores ou maiores que seis. Ou duas listas com seis "atividades" cada. Pode ser feita uma lista em paralelo com os lugares da casa em que vocês

gostariam de transar. As listas devem ter a aprovação de ambos, pois não deve conter nada que o outro não esteja disposto a fazer. Só para estimular a sua criatividade, vou dar alguns exemplos de uma lista de seis coisas que você poderia escolher:

1 – Chupada nos dedos dos meus pés, terminando com um chupada forte no dedão

2 – Chupar meus seios (mordendo de leve ou sem morder, você escolhe) até eu dizer quando parar

3 – Vendar meus olhos e me tocar e chupar onde quiser

4 – Chupar meu clitóris e com uma das mãos acariciar os meus seios. Fazer gostoso até eu gozar na sua boca

5 – Amarrá-lo em uma cadeira para que eu possa abusar de você. Se eu quiser, poderei desamarrá-lo e sentarei no seu pênis de frente e de costas. Quero transar, assim até gozar

6 – Transarmos em pé, mas quero me curvar apoiando as mãos numa cadeira

Deixe o homem escrever a lista dele. Torça para que ele se inspire e proponha atividades bem gostosas.

Como eu disse antes, pode ser feita também uma lista de locais para fazer amor e sortear no dado, casando com um desejo já sorteado. Os locais dependerão das suas fantasias.

Obs.: Supondo que vocês estejam em um motel e não têm dados para jogar, criem um desejo de cada vez e joguem no "par ou ímpar", ou usem uma moeda e vão para o "cara ou coroa". Quanto aos locais, escolham o banheiro, o chão, a mesa de "refeições", as cadeiras, etc. Cuidado com a pia do banheiro, pois se não for forte o suficiente poderá quebrar e as consequências vocês já sabem.

114 – Jogos com cartas

Baralho é ótimo para os jogos sexuais e podem apimentar qualquer momento.

Todos os jogos rápidos são adequados. Quase todo mundo sabe jogar 21 ou *Black Jack.*

Aqui também vale muito mais a criatividade com os prêmios e penas. Fala-se muito no *strip-pocker*, ou seja, fazer com que a cada rodada o perdedor tire uma peça de roupa. Isso pode valer para todas as modalidades de jogos e é realmente muito excitante.

Se você só souber jogar buraco, tranca ou truco, deixe o baralho na gaveta. Esses jogos são longos e podem se transformar em "empata sexo."

Todas as casas têm jogos inocentes

115 – Outros jogos

Use qualquer dos jogos inocentes que tiver em casa.
Jogo de palitos, tanto o que usa palitos de dentes ou de fósforos e que você aposta em quantos palitos vocês têm nas mãos, como aqueles palitos compridos e coloridos, que têm um feixe e depois de soltos sobre a mesa ou no chão, ou na cama, tem-se que ir tirando um a um, sem deixar que os outros se mexam. Nada de jogos longos, como dama ou xadrez, por motivos que nem preciso explicar, não é?

Outros jogos entre quatro paredes

Você pode escolher uma música que ambos gostem e que eventualmente até tenha marcado algum momento especial (a música pode estar sempre presente nos seus encontros).
Vários jogos ficam mais excitantes quando jogados com os olhos vendados. Isso pode ser uma regra estabelecida.
Gravatas, lenços e até toalhas podem resolver essa parte.

116 – Brincando com o corpo

Lembra das brincadeiras do período da pré-adolescência? Médico e enfermeira etc.? Daquelas realizadas de forma quase inocente pelas meninas e com uma dose de um insipiente erotismo dos meninos, mas sem muita sacanagem, já que não tinham coragem para tanto?
Foi praticamente brincando que descobrimos o erotismo e nos iniciamos na vida sexual. Tudo acontecia de uma forma meio natural.
Com o tempo, fomos deixando de lado esse aspecto lúdico do sexo.
Agora, na fase adulta, parece que o sucesso dos *sex shops* e dos brinquedos e jogos sexuais são como um resgate inconsciente daquela fase do descobrimento do próprio corpo e do corpo do sexo oposto.

117 – Beijos

Na brincadeira dos beijos, combinem que a cabeça é a única parte do corpo que pode ser tocada. A partir daí, beijem de todas as formas

que seus corações mandarem. De ponta-cabeça e de lado. Com os lábios e a língua moles. Com leves mordidas nos lábios. Beijos tesudos, longos e alguns apenas provocativos.
Uma sessão de cinco minutos só de beijos será muito agradável e despertará ainda mais o tesão. Vocês descobrirão outros tipos de beijo, todos muito diferentes, interessantes e excitantes.

118 – Ative a sensibilidade (esta é uma dica de ouro)

O corpo humano tem diferentes tipos de pele, como a dos lábios, da orelha, do pescoço, dos mamilos, dos órgãos sexuais, das juntas dos braços e atrás do joelho etc.
Sugiro que, em um dia em que tiverem todo o tempo do mundo para fazer amor, vocês se dediquem a "descobrir" a textura de cada tipo de pele e de cada parte do corpo da pessoa amada (ou do parceiro de plantão). Beijem, chupem e cheirem o corpo todinho. Descubram os diferentes cheiros e gostos que um corpo tem.
Você se surpreenderá com o grau de erotismo e de satisfação que essa brincadeira do descobrimento dará.
Será muito bom praticar ativa e passivamente a sensibilidade.

119 – Judiando com tesão (esta é uma dica de ouro)

Jogue no par ou ímpar e dê início ao jogo de fazer o que quiser com o outro, sem que ele possa reagir ou interromper (até que o jogador da vez, se de tanto tesão não estiver aguentando dar continuidade, decida partir para os finalmentes). Esse é um jogo que normalmente é jogado apenas uma vez por encontro. Pois o ganhador vai "judiar" muito do perdedor e não haverá oportunidade para revanche. Mas repeti-lo ou não será decidido por vocês.

Como jogar

Vou sugerir algumas partes desse jogo. As demais, com certeza você terá muito prazer em inventar.
Coloque uma venda nos olhos do parceiro e vá despindo-o por partes, com calma, acariciando as áreas descobertas.
Sussurre coisas excitantes nos ouvidos dele. Fale dos seus desejos ou de como vai judiar dele.
Continue o processo de eliminação das roupas restantes.
Beije, dê lambidas, chupe e mordisque onde desejar. Judie dele.

Passe seus seios pelo corpo dele. Se tiver um licor, passe no bico dos seios e dê para ele chupar. Interrompa na hora que você decidir e dê de novo.
Passe seus dedos pelo corpo dele, acaricie-o, dê beliscões, leves arranhões. Observe os arrepios no corpo dele. Toque ocasionalmente o pênis dele. Judie dele.
Sente-se sobre o corpo dele. Esfregue sua vagina nas áreas que ele possa sentir que é "ela" que o está tocando.
Sente-se sobre a boca e deixe-o chupar pelo tempo que você quiser.
Que tal um 69 de surpresa e no escuro? Como ele está com os olhos vendados, você pode começar a chupá-lo e no momento em que você decidir, aproxime sua vagina da boca dele. Continue pelo tempo que você estiver disposta a manter a judiação.
Vá fazendo tudo que a sua "maldade" sugerir, até que você mesma não aguente mais de tanto tesão e decida se sentar sobre o pênis dele. Tirar ou não a venda dos olhos e o que acontecerá depois fica por sua conta e risco.

120 – Roupas para usar e fantasiar

As fantasias fazem parte do imaginário de ambos os sexos. Nos *sex shop* há muitas opções de fantasias de profissões como bombeiro, policial, marinheiro, enfermeira, empregada doméstica, aeromoça, vendedora de cigarros, dançarina de Can-can etc. Há Branca de Neve, Mulher Maravilha e *Batwoman*, *Superman*, Zorro etc.
É importante saber se essa fantasia de usar fantasias faz parte da curiosidade e dos desejos dos dois.
Para que aconteça uma noite totalmente diferente, deve ser pensada também alguma ambientação, decorando o quarto com coisas que complementem a fantasia. Uma visita ao *sex shop* dará solução a quase tudo.
A partir daí, já fantasiados, é só deixar tudo acontecer. Se o tesão for muito grande, tenho certeza de que ficarão pouco tempo vestidos.

121 – Roupas sensuais

Sabe aquelas roupas que você vai vestir sabendo do prazer que seu parceiro terá em olhar e admirar? Isso mesmo. Aquelas que fazem com que ele as tire rapidinho, de tanto tesão.
Compre em *sex shop* ou em lojas de roupas femininas a *lingerie* que demonstre que você se preparou para ele, para aquele

momento de amor.
Por mais que elas durem pouco no seu corpo, tenha certeza de que ele as notará e se excitará muito.

Objetos pessoais

Há um infinidade de objetos de uso pessoal que se prestam para os jogos sexuais. Basta você olhar para o lado, dentro dos armários ou na área de serviço. Vamos a eles.

122 – Gravata

Qualquer gravata é absolutamente eficaz para vendar os olhos dele. Em razão da surpresa, ele terá de ativar muito bem todos os demais sentidos. Tanto as preliminares como a própria relação sexual ficam bem diferentes do habitual. Na falta da gravata, você pode usar um lenço de cetim, um cachecol ou até mesmo uma toalha para tapar os olhos dele.

123 – Cinto

Não me refiro ao uso para a prática do sadomasoquismo (entretanto, se vocês forem adeptos, nada contra abusarem do objeto).
A sugestão é usá-lo para imobilizar os braços, amarrando-os atrás do corpo, e fazer tudo o que você quiser. Cuidado, pois é natural que na vez dele ele "dê o troco" e faça com você tudo igual e mais um pouco. Um cinto grande pode ser usado também para você amarrar pela cintura o corpo dele ao seu. Intercalem as sequências de quem está mandando na brincadeira.
Só mais um detalhe. Muitas vezes, mesmo os não praticantes do sadomasoquismo acabam curtindo muito algumas cintadas na bunda. Não custa experimentar, antes de dizer "comigo nãoooo". Relaxe e aproveitem.

124 – Lenço de cetim

Este é o típico acessório multiuso. Serve para amarrar seu parceiro na cama ou para que ele amarre você e depois dar asas à imaginação. Inventem posições. Dê-lhe uma surra de sexo oral sem encostar demais seu corpo no dele. Chupe e morda de leve tudo o que desejar.

Use o lenço para acariciar a genitália dele. A sensação é de frescor, já que o cetim é geladinho e a maciez dele vai excitá-lo demais. Enrole parte do lenço no pênis dele e puxe desenrolando. Passe o lenço em outras partes do corpo que você sabe que são excitáveis. O estímulo do corpo com um lenço macio é um ótimo início e abre caminho para coisas mais quentes.

125 – Écharpe

Se você tem uma écharpe grande, transforme-a numa boa aliada. Se não tem, compre uma já com segundas intenções, mas enquanto isso use uma saída de praia. Já imaginou o impacto de chegar no quarto vestida apenas com uma écharpe? Pode ser enrolada no seu corpo ou apenas no pescoço, cobrindo parte do colo e dos seios.
Você pode também usar uma lingerie provocante e dar um toque no seu corpo com a écharpe.
Mais interessante do que "vestir" será tirá-la com movimentos de dança bem provocantes. Que tal laçar o parceiro e puxá-lo para você? Pode ainda vendar os olhos dele, amarrá-lo na cama, transformá-la em algemas. Enfim, pode abusar desse brinquedinho sexual.

126 – Barbeador elétrico que vibra

Faça sexo oral no seu parceiro, com o barbeador na mesma mão que segura o pênis. A vibração do barbeador associada às suas chupadas vai levá-lo ao delírio. Pode passar também de leve no pênis, na região do períneo e nos mamilos.
Quando chegar a vez dele brincar é que a coisa pode esquentar muito mais. Além dos seios, ele poderá passá-lo no seu clitóris e proporcionar a você deliciosos orgasmos. Poderá também envolvê-lo numa camisinha e penetrar a sua vagina. O clima vai determinar tudo o que poderão fazer e por quanto tempo.
Obs.: Um celular com vibrador, além de entrar na brincadeira, ainda pode ser usado como celular mesmo. Lembra que já falei antes dos efeitos afrodisíacos dos torpedos? Mesmo quando ambos estão dentro de casa ou em um motel, mandem torpedos ousados.
Divirtam-se

127 – Escovas

As escovas macias, independentemente dos seus formatos, servem para deliciosas e excitantes carícias e massagens. Evite fazer cócegas, pois isso é antitesão, mas, se acertar a mão, poderá acariciar a virilha e o pênis, as partes internas das coxas, e pode se fixar nas partes que perceber que ele gostou mais.

Dando outros usos para os objetos da casa

128 – Lanterna mágica

Habitue-se a ter uma ou mais lanternas em casa, e com pilha, por favor.
Lanternas com facho grande de luz podem iluminar o quarto de uma forma diferente, dar vida aos seus corpos, iluminando as partes mais desejadas.
As lanternas com facho estreito e até as canetas que emitem luz a laser acendem o prazer. O parceiro pode ir iluminando as áreas que deseja que sejam lambidas ou chupadas. Na hora do vice-versa, você poderá curtir muito, não acha? Haja pilha.

129 – Espelhos

Escolha para transar o cômodo da casa que tem espelho, ou em frente a um armário que tenha espelho na porta. Se nada disso existir, veja se há espelho pendurado em alguma parede e dê um jeito de posicioná-lo perto da cama.
A vantagem do espelho é que ao se verem nele vocês "fotografam" a cena.
Se ver fazendo sexo é muito excitante, uma vez que é muito gostoso observar o ato sob outros ângulos. É excitante ver o corpo do parceiro "funcionando". A movimentação do pênis entrando na vagina. A prática do sexo oral é particularmente especial, quando os dois podem ver tudo no espelho. Além do prazer indescritível do momento, as imagens ficam gravadas na mente e continuam produzindo excitação por muito tempo.

130 – Travesseiros travessos

Calçar o corpo com travesseiros ou almofadas, em qualquer das posições habituais, muda o ângulo da penetração e da fricção. Se você gosta da posição de bruços, e gosta de uma penetração total, daquelas que o pênis toca o útero, experimente deitar sobre um travesseiro. Você vai adorar. E ele também.

131 – Máquina de transar

Pois é. Você pode transformar sua máquina de lavar roupas em uma máquina de transar.
Numa noite você decidiu transar em um local diferente. Por que não sobre a máquina de lavar? Ligada. Independentemente do horário em que vocês decidiram manter relações sexuais, abasteça a máquina de lavar e coloque-a para funcionar.
O movimento da máquina, o seu treme-treme, é extremamente excitante para os dois. Pode sentar-se sobre a tampa dela sem medo. Ela aguenta e vocês vão querer lavar roupas muitas vezes fora de hora.

132 – Ventilador

Quando usado adequadamente, pode ser um auxiliar interessante para os momentos preliminares. Escolha um vestido ou uma saia que suba com o vento gerado. Vários filmes eternizaram cenas parecidas. Faça com que a inclinação permita que o vento mexa com seus cabelos, deixando-os esvoaçantes, mais selvagens.
E se na hora do sexo vocês gostarem de um ventinho sobre o corpo, bastará apontar o vento para onde mais agradar.

Comes & bebes

As coisas de comer e de beber associam o prazer dos doces e das bebidas com a sacanagem de lamber o corpo lambuzado do parceiro. Vale tudo que der prazer gustativo e sexual.

133 – Doces delírios

Compotas, mel, leite condensado, chantilly, Nutella, barras de chocolates mais moles, nha benta e assemelhados.
São ótimos para passar nos órgãos sexuais de ambos. Quanto mais viscosos, melhor. Assim, vai exigir que a língua trabalhe para retirá-

los. Que delicia, não é?
Permitem também leves massagens nos bicos dos seios, no clitóris e no pênis, por exemplo, antes da lambeção erótica.

134 – Ponha gelo na quentura

Seu parceiro vai adorar sexo oral após você beber água gelada. Esse contraste é muito gostoso. Você pode também chupá-lo mantendo uma pedra de gelo pequena na boca. Ele sentirá uma sensação muito diferente se você encher a boca de gelatina gelada e chupá-lo.
Faça do sorvete um brinquedo erótico. Leve um pote pequeno para o quarto. Dê uma colherada para ele e beije-o. Imediatamente após, dê chupadas nos mamilos e no pênis. Faça o inverso. Chupe você o sorvete e beije-o. Sua boca estará mais gelada e provocará um contraste mais excitante ainda no pênis quente dele.
É lógico que, na vez dele, ele saberá usar o gelo para passar nos bicos dos seus seios e no clitóris. Muitas mulheres gostam que seja introduzida uma pedra pequena de gelo na sua vagina enquanto o homem a chupa. Ele poderá gelar a boca com sorvete e chupá-la. Na hora do sexo, o gelado esquenta e apimenta.

135 – Balas fortes de menta

Coloque uma bala de menta na boca. Quanto mais forte, melhor. Beije-o com a bala na boca.
Ainda com a bala na boca, faça sexo oral no seu parceiro. De quando em quando, dê uma assoprada no pênis dele. Vai dar uma sensação gelada e muito gostosa. Você pode chupar os mamilos dele e dar as mesmas assopradas.
Prepare-se, pois na vez dele seus seios e seu clitóris é que ficarão geladinhos com tais chupadas e assopros. Bom, não é?

136 – Cascatas

O corpo é realmente um "objeto" de mil e uma utilidades. Entre tudo o que você já leu aqui e que ainda lerá, destaco a delícia que é consumir bebidas espalhadas no corpo da pessoa amada. Champagnes, espumantes, licores e até refrigerantes ficam mais gostosos quando consumidos com lambidas na pele do parceiro ou em cascatas que normalmente desaguam nas "partes". É excitante para quem está usando o próprio corpo para servir e para o parceiro que está degustando. Você pode encher de champagne um corpo de boca larga, mergulhar o pênis e sorver com muito prazer. Quando o serviço mudar para o seu corpo, solte o champagne do umbigo para baixo, pois se o percurso for mais longo, além de gelar o seu corpo esquentará o líquido. Seu parceiro vai adorar beber tudo que estiver escorrendo pela sua vagina. As sensações de prazer serão variadas, uma vez que serão provocadas pela temperatura baixa da bebida, pelas borbulhas e espumas, contrastando com o calor da língua.

De quando em quando, uma taça da bebida pode ser consumida "normalmente", com direito a brinde. Afinal, vocês estão em uma festa.

Cosméticos & etc.

137 – Amante farejador

Teste a sensibilidade dele. Faça o jogo do olfato.

O jogo consiste em você passar um só tipo de perfume, ou vários, em diferentes locais do seu corpo. Ele terá de cheirar seu corpo e descobrir os lugares perfumados.

A graça do jogo está nos prêmios que ele pedir para cada acerto. Acho que você o atenderá com o maior prazer, não é?

138 – Massagens sensuais

Qualquer massagem tem um forte componente erotizante. Usando um óleo cheiroso ou um creme hidratante, tudo fica melhor ainda. Escolha as partes mais excitáveis e capriche na massagem. Suas mãos conseguirão efeitos milagrosos. Você também pode massageá-lo usando outras partes do seu corpo, mas a mais eficaz será esfregar o corpo dele com os seus seios. É excitante para os dois. Se você gostou da sugestão, procure mais informações sobre massagem tailandesa.

139 – Gelo quente

Há descongestionantes nasais e pomadas canforadas ou com mentol, como a Vick Vaporub, por exemplo, que são ótimas para massagem nas zonas erógenas. Do mesmo jeito que gelam a região em que foram aplicadas, esquentam com fricção e basta um assopro na parte quente para gelar instantaneamente. Escolha os lugares para "massagear". Vale tudo.

Outro uso muito interessante para essas "pomadas" é para a penetração. Tanto o pênis como a vagina ou o ânus pegam fogo. É uma experiência muito interessante, que pode ser repetida de acordo com o gosto e o prazer de ambos. E como a maioria desses produtos é à base de vaselina, dá para concluir que realmente são multiuso. Esquentem-se e divirtam-se.

Banhos & massagens

140 – Banhos, carícias e muito mais

Há milênios são divulgadas as experiências sexuais nos banhos e banheiros.

A excitação do banho pode começar com o momento de tirar a roupa um do outro.

A ducha em si é a parte menos importante. A não ser as duchas de "chuveirinho", que podem ser dirigidas. Essas permitem "toques" especiais no pênis dele e em outras regiões que causem prazer ao parceiro. Você vai descobrir quais são. Desejo que ele queira retribuir as carícias, pois a mulher tem mais partes excitáveis e você sabe muito bem em quais gostaria que ele se dedicasse mais.

141 – Voyerismo

O prazer durante o banho pode começar com o ato de despir-se.

Estimule o voyerismo do seu parceiro. Tire lenta e provocantemente as poucas roupas que ainda mantém no corpo.

Se você entrar em um box de banho, daqueles que têm vidros transparentes, encoste no vidro todas as partes do seu corpo. O efeito visual dos seios pressionando o vidro é muito erotizante. Você pode encostar a boca e simular um beijo. Encostar e forçar a bunda também cria uma imagem única. Mantenha essa dança erótica pelo tempo que perceber que está agradando. Que tal convidá-lo depois para juntar-se a você no banho?

142 – Esponjas e espumas

Sabonetes e esponjas de banho são deliciosos brinquedos sexuais. Use-os para passar nas partes mais sensíveis. Uma esponja grande, com muita espuma, quando está dobrada e envolve o pênis, causa muito prazer ao parceiro. O banheiro também se presta para que um dos dois se sente no chão alternadamente, pois pode ser ajustada a altura para um sexo oral diferenciado. Durante a fase da brincadeira, vocês podem chegar a deliciosos orgasmos ou deixá-los para a cama que os espera.

143 – Pétalas de flores

Sempre que ganhar ou comprar flores, aproveite a fase final do viço das pétalas para fazer caminhos de pétalas entre o banheiro e o quarto. Elas são ótimas para emoldurar o seu corpo boiando na banheira, repetindo cenas que grandes filmes já mostraram. Até nos banhos de chuveiro elas servem para friccionar o corpo, cobrir partes a serem descobertas e para fazer todo o mais que sua criatividade permitir. Que tal grudar pétalas no vidro do box ou no espelho e escrever "eu te amo" ou "chupe-me"?

144 – Mais massagens

Já falei sobre o uso de óleos e cremes hidratantes. Eles também podem ser usados no banho e nem preciso dizer como, não é? Use e abuse.
Na cama, as massagens são sempre excitantes para os dois. Você vai curtir muito ao ver as reações do corpo dele aos seus toques. As massagens mais gostosas são feitas intuitivamente. Nem precisam de grandes dicas. Massageie o órgão sexual, mas não deixe de lado a nuca, o couro cabeludo, a coluna de cima abaixo, principalmente abaixo, os lados internos das coxas, a junta das pernas atrás do joelho e os pés. Cuidado para não provocar cócegas, pois são antitesão.
Além dos óleos e hidratantes, você também pode usar talco para massagear o corpo dele. Caso não tenha talco em casa, prepare uma mistura *caliente* com maisena, um pouco de canela em pó e outros pós às vezes disponíveis em sachês, como sândalo etc. Existem à venda em lojas especializadas e alguns supermercados outros tipos de especiarias perfumadas que podem ser utilizadas para essas "massagens do amor". Aposte no seu gosto e ouse.

145 – Locais e "camas" diferentes

Outra forma de brincar em casa para sair da rotina é mudar o local da transa. Já falamos na máquina de lavar roupas e do banheiro. Que tal a mesa da cozinha? E as cadeiras e sofás da casa? Aquele tapete felpudo da sala já foi estreado por vocês?

PARTE 5

A DICA DE UM MILHÃO DE DÓLARES

PARA VOCÊ SER INSUPERÁVEL NA CAMA

A MULHER BOA DE CAMA

Toda mulher deveria se preocupar em atingir a excelência em alguma das práticas sexuais. Fazer algo muito bem feito, que a torne inesquecível. Espero que você encontre alguma grande inspiração na leitura deste livro. Algo que você decida começar a aprimorar e transformar no seu diferencial.

Dou algumas sugestões de coisas que deixam o homem descompensado, alucinado e amarradão em você. As dicas 146 a 151 valem um milhão de dólares.

146 – Sexo oral amarra qualquer homem

Encontre uma forma de fazer sexo oral que seja única.
Experimente chupá-lo com uma bala de hortelã e assoprar o pênis dele de vez em quando. Olhe nos olhos dele para perceber se está gostando e demonstre que você está curtindo muito.
Chupe-o com gelo ou água gelada na sua boca.
Encha a boca de gelatina gelada e capriche na chupada. Há muitas outras variações sobre esse tema tratadas neste livro. Escolha as suas preferidas e dê-lhes o seu toque pessoal.
Se você gostar que o homem goze na sua boca, capriche ainda mais na chupada, sugue tudo e após o orgasmo continue dando pequenas chupadas, dê lambidas lascivas e vá sorvendo as últimas gotas olhando nos olhos dele. Veja o prazer dele e deixe que ele perceba que você está tendo muito prazer também.
Independentemente do fato de não mudar mais a sensação de prazer vivenciada com o orgasmo, pois o parceiro já ejaculou na sua boca, ele adora que você engula o líquido. Se você não gostar de engolir não se incomode com isso, pois não é um ponto fraco, saiba apenas dar continuidade ao prazer. Enquanto continua a chupá-lo, deixe a boca entreaberta para que o líquido escorra pelos lábios, volte ao pênis e o lambuze todo, mas vá chupando por mais de um minuto após a ejaculação. Esse final do orgasmo, lento e curtido, deixa o parceiro muito mais satisfeito. Ele nunca mais vai querer outra mulher.

147 – Transforme sua língua num dos seus órgãos sexuais mais atrevidos

Quem disse que língua não é órgão sexual? Faça de tudo com ela, desde massagens a lambidas leves e fortes nas partes mais desejadas ou inesperadas por ele. Tratamos disso no capítulo das preliminares e em outros capítulos também.

148 – Crie um rebolado estimulante

Daqueles que mudam constantemente os ângulos da penetração e que causam mudanças na fricção. Rebole com o corpo todo, demonstrando com os movimentos todo o prazer que está sentindo.

149 – Pompoarismo enlouquece o homem

Se você gostou da sugestão, saiba que há vários cursos.
Enquanto não entrar em um curso de pompoarismo, aprenda sozinha a morder o pênis dele com sua vagina. Tente segurá-lo com a vagina através da contração dos músculos pélvicos. Você também curtirá muito todas as sensações.

150 – Desenvolva uma forma sua de beijar

Beije lentamente, por maior que seja o tesão. Deixe os lábios relaxados. Sua língua deve ficar larga e atrevida. Entre na boca dele, dê algumas voltas pelo céu da boca e se retraia, convidando a língua dele para a sua boca. Oponha resistência à entrada da língua dele. Deixe-a entrar, mas aperte-a contra o céu da sua boca. Seu parceiro associará a entrada da língua na boca com sua vagina apertadinha. Sugue a língua dele, mas sem muita força, pois pode causar dor ao trazê-la em direção à sua garganta. Nunca deixe a "boca vazia", ou seja, sem que a sua língua faça pressão na dele. Segure um dos lábios com os dentes e chupe-os com meia força, dando algumas mordiscadas e pequenos arranhões com os dentes. Faça isso com um lábio de cada vez.
Crie, desenvolva e pratique um beijo que seja "matador". Seu homem ficará dependente dos seus beijos (há mais dicas sobre beijos neste livro).

151 – Massagem tailandesa

Aprenda a fazer. Apesar do nome, é fácil para o ocidental fazê-la.

Além de cursos e livros que versam sobre ela, você poderá pesquisar em sites ou aprender com suas amigas. Essa massagem em que o seu corpo atua, sem o auxílio das mãos, tem uma fantástica força erotizante e excitante.

"A dica de um milhão de dólares", portanto, é: **desenvolva a sua marca registrada e torne-se especialista em uma ou mais práticas sexuais. Escolha fazer muito bem alguma coisa que também lhe dê muito prazer e faça da forma mais espontânea e natural possível.** Demonstre ao parceiro que adora proporcionar prazer a ele com tal nível de intensidade. Você se tornará única, insubstituível e inesquecível. Sexualmente terá estabelecido um padrão de referência que o manterá sempre "ligadão". Você se sentirá segura e passará a ter muito mais prazer. Bom, não é?

Atitudes para você ser única na cama

É difícil existir um ser humano normal totalmente ruim de cama. Aquele que não combina com você na atividade sexual é tachado de ruim de cama. Às vezes até que é interessante uma relação sexual com alguém "ruim de cama" para que possamos valorizar os bons, não é? E, cá para nós, se todos fossem iguais, se fizessem tudo da mesma forma, se os corpos fossem parecidos e as "partes" iguais, perderia a graça, você não acha? A previsibilidade, ou a certeza do que iria encontrar, anularia o tesão.

A única certeza que temos é que todos os seres humanos são diferentes entre si. E, como não chegamos ao mundo com manual do fabricante, o mais importante é observação e percepção aguçada, para sentir o que o parceiro gosta ou não. A dica é **comunicação**. Falar sobre sexo, perguntar do que gosta e como gosta. Buscar a orientação do parceiro de como deve fazer para dar mais prazer.

A mulher, para ser boa de cama, tem que gostar muito de sexo. Se ela está apaixonada e quer ser boa de cama para satisfazer, segurar, ou até mesmo não perder o amante, é fundamental que se conheça sexualmente.

Se, apesar de apaixonada, não gostar muito das "relações sexuais", é melhor procurar ajuda de um terapeuta. Poderá até usar este livro para ver se se descobre sexualmente. Mas falta de tesão é fatal para um homem ou para uma mulher. O sexo poderá até "dar para o gasto", mas nunca será explosivo, surpreendente, maravilhoso.

Sexo bom apaixona mais ainda, mas não há amor que segure um relacionamento com sexo de má qualidade.

Para a mulher que gosta muito de sexo, e quer saber o que o homem espera dela para considerá-la "boa de cama", vou traduzir as respostas que foram dadas na nossa pesquisa.

153 – Sem frescura ou falsos pudores

Homem adora a mulher que topa tudo. Em tópicos abaixo vou tratar até do fato de que o homem gosta de se sentir no comando, mas adora quando a mulher de vez em quando decide tomar a iniciativa.
Homem gosta de mulher resolvida. Só bebezinho gosta de mulher que imita criança, e quem gosta de mulher problemática é terapeuta (falo da mulher que fala a linguagem do ta-ti-bi-ta-ti, na parte 6).
Alguns tipos de pudores, em mulher que já faz sexo há alguns anos, são interpretados como falsos. A mulher tem todo o direito de ter algumas restrições, de gostar de algumas coisas e não de outras, mas se ela as apresenta em excesso, isso vai para a conta da "frescura" e o jogo fica sem graça. "Jura que você já quer tirar toda a minha roupa?" "Apague todas as luzes, pois não gosto que me veja transando." "Coloca na xotinha devagar. Se doer, você pára, tá?" "Eu até dou uma chupadinha nele, mas tem que ser rápida porque me dá nojo aquele caldinho gosmento." "Tira o dedo daí." "Não gosto de quatro porque você vai ficar prestando atenção nas minhas nádegas (essas, de tão frescas, nem falam bunda)."
As mulheres ruins de cama são muito criativas nas restrições, aprontam essas acima e muitas outras que só elas conseguem imaginar. E aqui vai uma informação: homem detesta frescuras.

154 – Vestir a roupa certa para ser tirada

O homem percebe quando a mulher se preparou para o sexo, principalmente quando vir a roupa que irá tirar.
A mulher que sabe se vestir para ser despida excita mais o parceiro.
Gosta da roupa que veste a mulher para o mundo ver, e curte muito as peças a que só ele terá acesso. A calcinha e o sutiã bem escolhidos demonstram que a mulher curtiu antecipadamente o encontro. O homem se excita muito com isso.
Quanto mais bonitas suas roupas, mais rapidinho ele irá tirá-las, mas pode ter certeza de que será com muito prazer.
Caso você conheça alguma dança ou forma de exibir sua *lingerie,* faça

isso, pois vai excitar ainda mais seu parceiro.

155 – Romantismo e carinho

Homem deseja a continuidade do romantismo que existia no início do relacionamento. De ambos os lados há uma tendência de sistematizar o relacionamento. Deixar funcionando no piloto automático. Fazer sempre as mesmas coisas e sempre do mesmo jeito. Tudo fica mecânico, regular demais. Mas não eram o romantismo e o carinho as coisas que mais encantavam no início do relacionamento?

Lembra como era carinhoso o telefonema para confessar saudade, apenas meia hora após o último beijo? E os elogios e carinhos pessoais, como "Você está lindo hoje", "Nossa, sonhei acordada com este abraço".

Lembra dos jantares especialmente preparados para comemorar apenas o amor? E dos almoços fortuitos em dias em que sua mãe não estava em casa?

Lembra do chocolate, do doce de leite e do pedaço de bolo que levava para ele? E dos beijos roubados? Coisas pequenas, mas que soavam como grandes demonstrações de carinho.

Manter essas demonstrações de amor é fundamental para um afinamento total na cama. O cuidado em escolher a lingerie e o perfume que ele gosta, de elogiar o seu corpo ou o novo corte de cabelos.

É dando que se recebe, lembra disso? Ao dar carinho o retorno em amor é garantido. E tudo isso se reflete em fogo e harmonia na cama.

Resumindo, não se esqueça de fazer as coisas gostosas de "antigamente", para que seu relacionamento não caia na mesmice.

156 – Não deixe vencer a depilação

O homem é um ser visual. O danado vê pouco todo o cuidado que a mulher teve com a maquiagem, com os cabelos e as unhas, mas irá condená-la se a depilação estiver vencida. Cuide muito bem da pelagem da "desejada". Você pode variar o corte e de vez em quando pode deixá-la peladinha.

O ser visual adora o corpo da mulher, a maciez da pele, e, lógico, peitos e bunda.

157 – Valorize seus peitos pequenos

Ao contrário do que muitas mulheres pensam, a nossa pesquisa revelou que nem todos os homens são exigentes com relação a peitões e bundonas. Tem os que preferem os peitos pequenos, pois se excitam com os corpinhos púberes, com peitinhos de *teenager*.
Portanto, se você não tem peitões nem uma bundona, não precisa alimentar a baixa autoestima. Tenha confiança em você mesma e se prepare para curtir a vida dentro do estilo que saberá criar.

158 – Autoestima

Quem está de bem com a vida e tem uma boa autoestima fica mais segura. Homem não gosta de demonstrações recorrentes de ciúmes injustificados. Pegar no pé, perguntando de tudo e cruzando as informações demonstrando que não é fácil enganar você, só enche o saco do homem. Tem mulher que acha, erroneamente, que faz bem para o ego do homem quando ela arma um barraco por uma desconfiança qualquer.

Perguntar constantemente se ele gosta mesmo do seu corpo ou do novo corte de cabelo, ou se a roupa que está usando o agrada, é fazer o papel da eterna insegura. E isso é muito chato.

No geral as pessoas não aceitam elogios. Se você é assim, está em tempo de mudar. Se ele falar que você está linda, agradeça. Se possível, até com um beijo.

Você é daquelas que quando alguém elogia o seu vestido, ao invés de agradecer e dizer que também gosta dele responde: "Nossa, é tão antigo, já usei trocentas vezes". Ou, pior ainda: "Se eu contasse quanto paguei, você não estaria elogiando."

Mulheres seguras aceitam elogios e os agradecem.

E já que estamos falando em mulher boa de cama, a insegurança nunca deve ir junto para a cama. Constantes pedidos de desculpas ou questionamentos sobre eventuais deficiências na sua performance sexual, que exigem do parceiro longos discursos para convencê-la do contrário, não são construtivos. Cuide-se sempre, faça tudo do seu jeito, seja natural e segura, faça com gosto e com paixão e verá o fortalecimento constante do relacionamento.

Resumindo: para ter autoestima elevada você tem de se gostar. Como espera que um homem a admire se nem você se suporta? Portanto, mãos à obra: cuide-se, compre roupas normais e sensuais, vá ao instituto de beleza, nada de depilação vencida nem de cabelo desleixado. Faça cursos, inclusive de dança erótica, de pompoarismo, de massagem tailandesa, de sexo tântrico, de etiqueta, de atualização cultural, etc. Quanto mais você gostar de você, mais segura ficará. Uma elevada autoestima faz você sentir mais desejo pelo parceiro e com certeza incendiará o tesão dele.

159 – Foco no que importa

A hora do sexo deve ser sempre um momento especial. Não é hora de analisar os problemas do cotidiano, de reclamar das contas a pagar, de reportar que o filé mignon subiu de preço e que, em razão disso pede para não criticar o *strogonoff* que ela preparou com muito amor, mas com uma carne mais barata e mais dura.
Na cama deve-se falar apenas das coisas boas que está desejando fazer. O ouvido dele pode e deve receber apenas gemidos ou sussurros de prazer.
Quando estiverem juntos para fazer amor, coloquem todo o foco no prazer de vocês. Todo o resto é resto e, portanto, deve ficar bem distante da cama.

160 – Livre, leve e solta

Todos os livros sobre sexo e mesmo os que não são específicos afirmam que o sexo deve ser livre entre as pessoas e que entre as quatro paredes tudo é permitido. É a mais pura verdade. Não há o certo nem o errado, principalmente quando há consenso, quando os dois gostam do que estão praticando. Ou seja, vale tudo, desde que ambos estejam no clima.
As mulheres, na maioria das vezes, por uma educação repressora, por formação ou por questões culturais, não aceitam certas formas de fazer sexo. Às vezes elas até têm curiosidade e desejo de experimentar, mas estão presas a conceitos que carregam desde a infância ou a puberdade. Há homens mais insensíveis, que por não entenderem as razões para tamanha rejeição às novidades reclamam ardorosamente, a ponto de estressar o relacionamento. Se você se sente assim, que tal fazer um esforço e aceitar novas posições? A recompensa poderá ser muito prazerosa. E se você acha que não conseguirá se liberar desses "traumas", uma vez que apesar de tentar continua fechada para experiências, pode ser que uma terapia ajude. Quem ama o seu parceiro e quer ser boa de cama para ele deve fazer de tudo para ser livre sexualmente. O prazer será maior para ambos.

161 – Demonstre seus desejos

Não há nada mais excitante do que perceber nos olhos do parceiro que ele está tão a fim de transar quanto você. Nos encontros amorosos ou quando ele chega em casa ao fim de um dia de trabalho, na primeira oportunidade demonstre seus desejos. Ainda que ele tenha chegado cansadão, seu desejo o animará.

Nem sempre é fácil manter essa chama acesa. Com o passar do tempo, esse fogo tende a diminuir, mas é isso que você quer? Quer que a rotina da casa ou cansaço com a criançada etc., acabem com uma das melhores partes do relacionamento?

É lógico que muitas vezes ele chega em casa com uma disposição irritante para o sexo e o seu maior desejo é começar a dormir já em frente da televisão. Nesses dias, tome um banho, relaxe, entre no clima e verá que o fogo dele acenderá você. Não desista e em nenhuma hipótese diga "Estou cansada, mas já que você quer, vem, faz rapidinho só para você". Se já fez isso antes, sabe o efeito terrível desse gesto de boa vontade.

Uma observação é importante, quando um dos dois está realmente cansado. Se algo de ruim aconteceu durante o dia, vale a pena "negociar a abstinência". Afinal, nenhum dos dois é obrigado a fazer sexo quando não está com disposição e vontade.

162 – Pimenta é bom e eu gosto

Apimentar o relacionamento e o sexo é fundamental para não cair na mesmice. Ter criatividade não significa fazer todas as vezes uma coisa diferente. Haja criatividade.

Vale muito uma bela surpresa de quando em quando. Um telefonema durante o dia dizendo que está com desejo de fazer o melhor sexo oral da vida dele. Aposto que ele chegará mais cedo em casa. Se você falar que quer que ele goze na sua boca, isso atrapalhará o expediente dele. Decore o quarto. Sem exageros, por favor. Viva uma fantasia. Vista uma roupa diferente. Prepare um drinque especial. Surpreenda, ouse, apimente, seja criativa, use a sua imaginação e todas as dicas que estão neste livro.

163 – Seja provocante, corra riscos

A mulher boa de cama antecipa o momento do amor. Passe as mãos pelo membro dele por baixo da toalha do restaurante. Se o ambiente permitir, abra o zíper da calça e faça um carinho ao vivo.

Ao dançar em uma festa, capriche nos amassos, nos movimentos dos quadris, no cafuné na nuca. Ouse nos sussurros de amor. Abale a estrutura dele, começando pelo ouvido.
No carro, enquanto ele dirige, abra o zíper e toque-o. Tire o pênis para fora, ninguém prestará atenção. Corra até o risco de dar uns beijinhos ou uma chupada ousada.
Seu parceiro ficará louco de tanta excitação e chegará na cama no ponto que você gosta. E se num desses locais diferentes houver chance de uma rapidinha, não deixe passar a oportunidade. Isso ficará para a história do seu amor.

164 – Tome a iniciativa

A mulher boa de cama com alguma frequência toma a iniciativa. De vez em quando, joga o homem na cama, tira a roupa dele e "judia" dele. O homem deve ter uma boa pegada, o que não quer dizer que a mulher também não possa ter.
Durante o ato sexual, fala o que quer e como quer. Propõe mudança de posições. Descobre quais posições ele mais gosta e abuse delas.
Homem gosta de ficar no comando, mas com frequência adora quando a mulher tem atitude na hora do sexo ou quando diz o que quer que ele faça.
Tome a iniciativa de provocar a relação amorosa. Dispa-o. Provoque-o. Narre o que está sentindo e diga o quer. Vai levá-lo à loucura. E você ficará muito mais satisfeita ainda. Tem dúvidas?

165 – Movimente-se

Cama é lugar de movimento e não de dormir.
Você se movimenta muito durante o sexo? Parabéns! Saiba que é diferente da maioria.
Uma das preferências dos homens reveladas na pesquisa refere-se à importância dos movimentos da mulher nas relações sexuais. Eles reclamam que quase 50% se movimentam pouco e salientam que o movimento dá mais vida e prazer ao sexo.
A mulher que sabe se mexer, que tem um rebolado especial, demonstra que está curtindo muito mais do que as que são imóveis. Em uma das repostas da nossa pesquisa, a observação é "quando a mulher não se mexe na cama, me sinto mal, dá a impressão que ela não está curtindo e eu sinto que estou usando-a". Boneca inflável também não se mexe e menos de 1% dos homens se dispõe a usá-la.

Portanto, para você se sentir mais segura na cama, para curtir mais o sexo, mexa-se.
Até quando está recebendo sexo oral você pode e deve se mexer. Ao se mexer, estará dirigindo a língua do parceiro para onde você gosta mais e terá belos orgasmos como recompensa. Normalmente o homem fica muito feliz ao propiciar prazer para a mulher.

166 – De alguma perversão a maioria gosta

Perversão aqui é mais no sentido de sacanagem. Fazer sexo mais selvagem, com coisas mais perversas, que você já descobriu que ele gosta. Usar palavras mais fortes, pedindo que a penetre, que a abra toda. Você pode assumir o comando durante o sexo e por exemplo ficar na posição de cavalgar, mas brincar de senta não senta. Saber "judiar" do homem, chupando até o ponto de fazê-lo acreditar que vai gozar na sua boca e interromper na hora certa. De vez em quando, se você não tem restrições ou até mesmo gosta que ele goze na sua boca, diga que nesse dia quer que ele goze, desde que deixe você engolir tudo. O cara vai ficar louco e possivelmente até perderá o controle.
Se você descobriu que ele gosta de ser dominado, pode amarrá-lo na cama ou dominá-lo de outras formas. Se, ao contrário, você é que gosta de ser dominada, diga a ele tudo o que deseja, implore. Ele vai adorar dar tapinhas na sua bunda se souber que você gosta. Descubra se ele também gosta de tapas malvados. O conhecimento recíproco é que vai dizer até onde a perversão pode chegar.

167 – Descobrindo fantasias

Durante aquelas conversas mais descontraídas, aproveite para descobrir quais fantasias ele tem. Dê corda. Pesquise detalhes. E, um dia, sem que ele imagine e menos espere, prepara-se para realizá-las. Vale tudo, considerando que o objetivo é o prazer dos dois. Fazer sexo no estacionamento de um *shopping*, numa praia deserta, na sacada, fingir de desconhecidos em um bar, brincar de médico e enfermeira, de patrão e empregada etc. etc.. Realize, enfim, os desejos do seu parceiro. Com certeza você o surpreenderá e ele ficará muito agradecido com o presente.
Entre um papo e outro, deixe também transparecer suas fantasias. É muito provável que ele as realize.

168 – Seja provocante

Por mais que o homem deseje uma rápida penetração, quanto mais ela demorar para acontecer, mais prazerosa será a relação. No sexo tântrico muitas vezes a fase das preliminares, sem penetração, chega a demorar muitas horas.
Você pode se aperfeiçoar na técnica da provocação. Faça de uma forma erótica. Leia e releia nosso capítulo sobre as preliminares e use as que mais se adequarem a você.
Mais uma vez chamo a atenção para que a percepção esteja sempre ativa. Essa técnica de provocação precisa ser erotizante e não irritante. Saiba provocar. Se perceber que o parceiro não entrou no jogo, está apenas aceitando-o sem se excitar demais, descubra a hora de parar.

169 – Sensual

Como eu já disse, o homem é um ser visual. Ele se encanta com o corpo da mulher, mas a sensualidade desperta mais rapidamente o tesão dele, uma vez que ela começa no início do encontro. Pelo olhar da mulher, pelo aperto no abraço e pelo beijo, ele já interpretará a "temperatura" dela. E homem adora mulher quente.
Saber usar a sensualidade é um fator que diferencia as mulheres. Frases carinhosas *pero calientes*, ditas com sensualidade no ouvido dele, como "Eu estava louca por este abraço, só para sentir o calor do seu corpo", vão mexer com a estrutura do parceiro.

170 – Com tesão não há frustração

Não deixe para depois a transa que você pode fazer agora. Se o tesão tomar conta de vocês, não percam a oportunidade de uma relação só porque o tempo é curto, ou não é hora de fazer sexo. No geral, tomado pelo tesão inesperado, o homem fica mais incontrolável do que a mulher. Se depender dele, sempre que der "clima" ele gostaria de fazer sexo. A mulher boa de cama topa tudo. Ela sabe que se deixar para uma hora mais oportuna, o tesão poderá não ser o mesmo, algum problema poderá surgir impedindo a relação sexual e a frustração ficará no ar. Ademais, quem disse que sexo tem hora marcada para acontecer? A variação de horário e de lugares é aditivo do sexo. São grandes afrodisíacos, pois realimentam as fantasias de que situações inusitadas poderão acontecer a qualquer momento.

171 – *Sex appeall*

Tanto o homem como a mulher têm de exercer atração sobre o sexo oposto. Sem atração não há tesão, mas a mulher que sabe usar seus "predicados" encanta os homens. Como diz Eustace Chesser em seu livro *Love Without Fear*, da Editora Signet Books: "Diz-se com frequência que *sex appeal* é algo como personalidade. É impossível definir, mas facilmente reconhecível quando encontrado". Eu incorreria num erro crasso se tentasse dar exemplos mais precisos do *sex appeal*. Ele é sinérgico. Há pessoas que se sentem atraídas por características que veem como sensuais. E são exatamente as mesmas que causam desencanto em outras pessoas.

Não posso padronizar características nem até mesmo dar pesos diferentes aos elementos do *sex appeal*, uma vez que perpassam pela voz e forma de falar (apaixonei-me pela voz dele), pelos movimentos, pelo sorriso, até pela cultura ou aspectos intelectuais para algumas pessoas (conversar com ele me encanta e me excita), pelos cabelos, pelos olhos, pelo corpo como um todo, forma de andar, ou seja, por tudo que desperta uma grande atração física.

Posso sim dizer o que não é necessariamente sinônimo de sex appeal: vulgaridade nos trejeitos, forma liberada de falar usando palavrões e expressões chulas, forma de se portar e andar.

Rebolar em excesso desperta comentários dos empregados na construção civil, mas apesar de espontâneos, a maioria das mulheres que passa pelas obras é merecedora dos mesmos elogios, mesmo não sendo tão "gostosas".

Pintura em excesso, perfumes fortes demais, roupas superjustas, curtas ou decotadas também não podem se classificadas como elementos de *sex appeal*, por mais que despertem uma atração física momentânea.

172 – Clichê verdadeiro

Apesar de ser um clichesão, o homem adora mulher elegante, alegre, expansiva, até um pouco recatada no dia a dia e uma liberada ou totalmente devassa na cama. Uma dama na sociedade e uma puta na cama.

Esse tipo de mulher topa tudo, adora sexo de cabo a rabo, literalmente... Se você gosta de ser chamada de puta durante o sexo, dê um jeito de dizer isso a ele. Aproveite e diga algumas palavras a mais que a excitam. Por semelhança, ele encontrará outras e aumentará o

repertório. Outras palavras e frases mais fortes estão no "Caderno Lacrado".
Há mulheres totalmente liberadas, que são damas na sociedade e também adoram tudo no sexo, mas que não gostam de *Dirty Talking* nem de ser chamadas de putas. Por tudo isso é que a intimidade e a comunicação são indispensáveis para um ótimo relacionamento sexual. Nada pior do que dizer coisas broxantes justo na hora em que o sexo está mais quente.
Descubra também do que ele gosta de ser chamado, ou até de ser xingado. Com alguns homens você poderá usar e abusar dos palavrões e do sexo narrado.

173 – A melhor coisa na cama tem quatro letras

É uma pegadinha sim. Quase todos acharão que vou afirmar o óbvio, que a melhor coisa na cama é sexo.
E eu digo que é AMOR. Essa é a chave para um ótimo relacionamento sexual. Para a mulher principalmente, é muito difícil ser "boa de cama", entregar-se, ser livre, leve e solta, sem que haja sentimento envolvido. Garotos e garotas de programa se prestam para que se use aquilo naquilo, mas é a intimidade, o tesão imensurável e incontido, o conhecimento dos gostos do parceiro, o desejo e a possibilidade de poder surpreendê-lo, é a amalgama do amor que propicia uma vida sexual maravilhosa. Todo o resto dá para o gasto. E afinal, como ninguém é de ferro, antes mal acompanhada do que só, ou seja, é melhor um "pau amigo" na cama do que o Brad Pitt e o Rodrigo Santoro juntos na tela do cinema.
Tirando o tamanho e algumas diferenças de aparência, todos os pênis fazem sempre as mesmas coisas e cumprem as mesmas finalidades. O que na verdade diferencia um do outro é o amor. Quando há amor, um pênis pequeno é adorado por ser "delicado". Quando não há amor, causa rejeição: "Com ele não transo mais. Odeio pau pequeno".

Ser boa de cama na primeira vez

Você acaba de conhecer o homem, não sabe quase nada dele, não tem intimidade e vai rolar sexo. E sua preocupação é ser perfeita na cama. Lamento desapontá-la, mas isso será meio difícil.

De qualquer maneira, como o objetivo deste livro é ajudá-la a "usar" o homem, e de como enlouquecê-lo na cama, vamos passar para algumas dicas importantes, apesar de que quase tudo do que está exposto anteriormente já poderá ajudar muito.

Todos nós conseguimos fazer sexo e ter orgasmos com quem não amamos, a não ser aqueles que já não têm orgasmos com facilidade, independentemente da companhia.

É sabido que o homem paga por "serviços sexuais", desde que o mundo é mundo. Haja vista a expressão de que a prostituição é a profissão mais antiga do mundo. Pois é, o homem paga para fazer sexo com uma mulher que acaba de conhecer e normalmente tem orgasmo. Afinal, ele buscou-a e pagou com o objetivo de "gozar".

A profissão de "garoto de programa" também não é tão nova, mas as mulheres são mais seletivas e utilizam esses serviços numa proporção muito pequena, quando comparada aos homens. As razões por que ambos pagam por sexo são conhecidas e por isso não preciso me estender nesse assunto. Só quis destacar que somos capazes de separar sexo de amor.

O homem sempre separou melhor uma coisa da outra e só há poucas décadas as mulheres passaram também a buscar apenas o prazer físico, fazer sexo sem relação de compromisso.

Como historicamente a mulher foi educada para só fazer sexo no casamento, ou se amasse alguém, hoje ainda vive o paradoxo do desejo do prazer sexual e da busca do amor verdadeiro. Daí vêm as dúvidas se devem ou não fazer sexo no primeiro encontro. Vem a "angústia" em saber se o recém-conhecido vai ligar ou não no dia seguinte. Algumas, apesar de tomarem a iniciativa na conquista, sentem-se usadas e exploradas, se o sexo ocorrer apenas uma vez.

No fundo eu tenho um pouco de dó da maioria das mulheres, pois esses conflitos continuarão dando nós em suas cabeças por muito tempo e nem Freud e seus novos discípulos conseguiram explicar tudo completamente.

Para não entrar em análises mais profundas, pois não é esse o objetivo deste livro, encerro este item repetindo que o ser humano é capaz de separar sexo de amor.

174 – Com homem defeituoso será difícil ser boa de cama

Se decidir ir para a cama com o parceiro, tenha certeza de que tanto você como ele merecem naquele momento a "celebração da vida", que é o sexo. Com ou sem amor, quando os parceiros são bem

escolhidos, um sexo pelo menos razoável poderá acontecer.
Mesmo assim, vá preparada para decepções. Por melhor que você objetive ser na cama, poderá se deparar com um cara que se adora, que só se preocupa com ele, que admira o seu corpo e o seu membro, e que vai abortar as suas tentativas de preliminares. O tonto vai para cima de você, vai gozar rapidinho e ainda aguardará um elogio com relação ao desempenho dele. Às vezes, dependendo do clima, e quem sabe da sua ajuda, o tonto, que se julga a "perfeição sexual", transa mais uma ou duas vezes e continua sem se preocupar se você gozou ou não. Portanto, prepare-se. É sempre possível errarmos numa escolha. Não se culpe se o cara for um fiasco na cama. Mas se, apesar da frustrante primeira vez (normalmente o tonto acha todas as transas maravilhosas), depois de alguns dias a segunda estiver por acontecer, evite a repetição dos mesmos erros. Assuma o comando. Diga ao machão que desta vez você irá satisfazê-lo. Peço que leia nos diversos capítulos deste livro como poderá assumir o comando e também ser feliz.
Se tudo der certo, parabéns. Você sabe como "consertar e usar um homem com alguns defeitos".
Bem, se der errado, peço de novo que não se culpe. Afinal, você fez tudo direitinho. Entretanto, você será a única responsável caso decida tentar o uso em outras oportunidades. Se o produto tiver um defeito de fabricação, tem de ir para a assistência técnica. Recomende que procure algum discípulo de Freud.
Muitas vezes os tontos não merecem uma segunda chance, nem você deve se dar o direito de errar duas vezes com o mesmo cara.

175 – Sem tesão não há solução

O mais importante numa primeira relação é que haja clima de felicidade pairando no ar. Para que você fique livre, tem de estar feliz com o que vai acontecer. O grande terapeuta José Ângelo Gaiarsa escreveu um livro cujo título é "Sem tesão não há solução". Mesmo que não tenha lido o livro, a mensagem você já entendeu, não é? Não dá para ser feliz numa primeira relação, se o tesão não tiver sido despertado.

PARTE 6

COISAS QUE OS HOMENS COM CERTEZA GOSTAM DE FAZER

176 – As famosas preliminares

Aquecer um homem faz parte do modo de usar.
Não é verdade que o homem só pensa em sexo e está sempre pronto e desejoso. Muitas vezes, quando não está muito a fim, o homem faz um sexo burocrático, com começo meio e fim, igualzinho às vezes anteriores. Ele faz sexo porque foi cobrado ou porque tem a obrigação de se fazer presente naquele dia e hora. Há uma parcela de homens que, dependendo da situação e da oportunidade, está sempre pronta mesmo.
Nos momentos em que o homem, por razões diversas, está com menos entusiasmo, a mulher pode apimentar muito a relação. Ela pode e deve ser a responsável por melhorar as variações sobre o mesmo tema. E até com homens já embalados, prontos para o sexo, a mulher pode ter uma atitude bem ativa. Não há regras para as pessoas fazerem sexo. Cada momento é único.
As preliminares podem acontecer da forma como são conhecidas ou não. Muitas vezes, achamos que elas não aconteceram, pois o início da relação já foi com penetração. Eu pergunto: e o antes, como foi? Será que um dia todo de telefonemas, de torpedos, de uma cesta de café da manhã, de flores enviadas durante o dia, dos drinques no barzinho cheios de papos mais quentes, de sonhos acordados, de passadas de mão por baixo da mesa, nada disso é preliminar?
Dependendo da situação, o tesão que foi despertado durante o dia, alimentado e realimentado, acaba tornando a situação incontrolável. Só o fato do encontro já é motivo para faísca e muito fogo.
Existe logicamente aquela situação ocasional ou já meio rotineira. A relação amorosa já está programada. Nestes casos, as preliminares são muito importantes como aquecimento.
A maioria das mulheres acha que o homem tem apenas uma zona erógena. Não preciso nem citar qual é, né? Pois é, elas não estão totalmente erradas, o pênis do homem concentra o maior potencial de excitação. Mas há muitas outras regiões no corpo do homem que, quando bem trabalhadas, dão muita excitação e podem colocá-lo naquele grau de excitação incontrolável que toda mulher adora e deseja.

177 – Treine sua sensibilidade

Aprenda a lamber o corpo todo do homem. Sinta a diferença dos cheiros de cada parte, de cada curva. Sinta a diferença de textura das diversas peles, desde a nuca e o pescoço ao lóbulo da orelha, aos mamilos. Cada centímetro do corpo tem um sabor, um cheiro e uma textura diferente. Habitue-se a perceber essas diferenças. Você vai curtir e sentir o que ele mais curte. Isso vai ajudar muito no relacionamento de vocês.

Outra grande vantagem é que poderá "ensinar" algumas coisas que ele poderá fazer com você. Tudo que você fizer de muito gostoso nele, quase que naturalmente ele também fará com você.

O ato de beijar e lamber o corpo dele estica tantricamente a relação. Todo o orgasmo que culmina num longo processo de estímulo e excitação é muito mais intenso.

Os diversos pontos de excitação e a forma de tocá-los

178 – A boca

O beijo é o indicador do presente e do futuro de um relacionamento. Escondido em algum lugar da nossa mente, e ainda não localizado pela ciência, com certeza temos um sensor que dá a medida do amor e do tesão. O beijo ativa esse sensor. Pelo beijo sentimos se há tesão ou não, mesmo que seja um selinho. O beijo fala por si só. Ele diz o que estamos querendo. Pode não acontecer nada no momento pós-beijo, em razão do local, horário etc., mas o beijo deixou o recado do que está para acontecer. O beijo liga e serve como uma promessa ou desliga e pode representar um adeus.

Há beijos burocráticos, daqueles dados apenas por obrigação, para marcar o ponto. Pelo beijo temos a sensação da intensidade dos desejos. No capítulo em que trato da "dica de um milhão de dólares" falo que saber dar um ótimo beijo pode fazer a diferença. Um beijo dado com muito tesão prepara o casal para tudo e encurta o caminho para a cama.

Preocupe-se em aprimorar o beijo. Apesar de parecer que ele é meio instintivo, há técnicas que o aperfeiçoam.

E como é um grande beijo? Como é um beijo marcante, inesquecível, único?

Sei que estou me arriscando em falar de uma coisa que você já faz há muito tempo, mas correrei o risco.

Cuide do seu hálito e desejo que seu parceiro tenha a mesma preocupação. Não preciso esticar este assunto, né?

A força do tesão deve ser controlada na hora do beijo, se não as bocas poderão ficar machucadas. Mordidas nos lábios e na língua devem ser leves.
Mantenha a boca relaxada, os lábios moles, a língua em movimentos lentos, sempre na procura da língua do parceiro e do céu da boca.
Seja receptiva. Demonstre que sua boca também quer receber a língua dele. Toda vez que você colocar sua língua na boca dele e depois recolhê-la, ele perceberá que é "a vez dele".
A língua pode ser chupada de leve, mas nunca sugada com força demais. Não tente engoli-la. Isso também pode machucar a língua e interromper uma vivência tão gostosa.
Pressione a língua dele contra o seu céu da boca, deixe a boca "apertadinha". Nunca beije deixando a boca toda aberta e sem tocar a língua do parceiro. Ele sentirá a sua boca vazia e isso tira o tesão do beijo.
Bem, como todo mundo sabe, beijo não é só na boca. Use e abuse do beijo e das lambidas em todas as partes que desejar.
Neste livro vamos tratar dos beijos e lambidas em diversos capítulos.

179 – Como ativar o homem pela orelha

Assim como as mulheres, os homens também têm grande sensibilidade nas orelhas. Alguns beijinhos, mordidinhas e chupadas no lóbulo, entremeadas com sussurros e gemidos, tiram qualquer homem do sério.
Ainda em pé, após a seção de beijos estonteantes, respire o seu tesão no ouvido dele e comece a beijar a orelha. Dê leves mordidas no lóbulo.
Atenção: orelha tem de saber chupar. A chupada tem de ser especial. Não pode babar nem chupar com muita força, pois pode até estourar o tímpano e causar muita dor. Deve mesclar a chupada com leves gemidos, com algumas frases ou palavras como "Gostoso... Esperei muito por este momento... Não vejo a hora de você me penetrar", e todas as demais frases que seu tesão criar.

Ative a percepção. Sinta se ele está gostando ou se é o momento de parar. Não perca o *timing* das coisas. Mesmo que você sinta que ele está gostando muito, chupe a orelha dele apenas pelo tempo desejável. Nem você nem ele chegarão ao orgasmo na orelha.

180 – O nariz

Você pode conquistar ou perder um homem por causa do nariz dele. Perfumes agradáveis na dose certa, cabelos perfumados, axilas cheirosas, creme levemente perfumado pelo corpo são componentes fundamentais para conquistar o homem também pelo nariz. O homem se excita com os cheiros que descobre no corpo da mulher.
O inverso é fatal. Perfumes errados, corpo todo banhado em perfume, cabelos com a lavagem vencida, cheiro de suor pelo corpo, principalmente das axilas, desligam o interruptor.

181 – As mãos

O homem adora viajar o corpo da mulher com as mãos. Por isso, uma pele bem cuidada, macia, excita muito.
O tato é um dos sentidos mais fortes e leva grande quantidade de estímulos ao cérebro.
Você com certeza gosta de carinhos. Não há quem não goste. Estimule o homem a acariciá-la. Você vai gostar muito, vai se excitar e ele também.
O homem que sabe das coisas passa a mão de leve pelo seu corpo só para sentir o seu arrepio. Faça o mesmo com ele. Acaricie-o na nuca, no pescoço, nos mamilos, na virilha, no saco e em todo o seu entorno. A parte interna das coxas é muito excitável também. Finalmente, acaricie o pênis dele. Deixe para acariciá-lo no final, pois na verdade o homem deseja que você comece por ele, e o fato de você demorar excita-o mais ainda.
As carícias que o homem gosta no pênis são idênticas às que você gosta na vagina e no clitóris, ou seja, leves, mais na base dos toques e menos apertões ou pressão excessiva. Tudo sem movimentos bruscos e sem provocar cócegas também.
Ao toque das mãos, todos se excitam.

182 – Pescoço e nuca

São regiões muito sensíveis e que podem gerar alto grau de excitação. Nada de chupões. Mesmo que o homem seja só seu já por algum tempo, ele não vai gostar de desfilar as marcas dos seus chupões. Movimentos circulares e fortes com a língua são deliciosos. Leves mordidas na nuca, mordidas nos cabelos, fazem parte da construção da excitação.

183 – O peito e os mamilos

Poucas, mas muito poucas mulheres sabem a importância de estimular os mamilos. O homem tem muita excitação nos mamilos. Alguns nem descobriram ainda que se excitam, porque nunca foram tocados adequadamente.

Prepare os mamilos antes de chupá-los. Acaricie-os lentamente. Pelas carícias você perceberá se está excitando-o. Os bicos excitados ficam durinhos como os seus.

Uma vez excitados, comece com chupadas não muito fortes. Largar e pressionar com a língua, fazendo movimentos circulares, é muito excitante. Leves mordidas, muito leves, também agradam. Você pode dar lambidas mais fortes de baixo para cima. Uma boa dica é você chupar os mamilos do seu parceiro, do mesmo jeito que gosta ou gostaria de ser chupada. Você até pode usar esse momento para "ensiná-lo" a excitá-la nos seios. Pode fazer as coisas que gostaria que ele fizesse e mostrar para ele. Diga "um dia eu quero que você me excite desta forma", e mãos à obra, ou melhor, boca no mamilo. Aplique-lhe uma ótima sessão de chupadas nos mamilos. Uso o termo chupada, sabendo que a chupada propriamente dita é a menor parte. Nos seios e mamilos, o que funciona mais é a fricção da língua, a pressão da língua sobre os mamilos, empurrando-os para dentro, como se fosse uma uva em que você quer penetrar até alcançar a semente, com movimentos circulares e diferentes pressões, entremeadas de leves mordidas. Exceto nas pessoas que gostam de associar dor com prazer, as mordidas devem ser muito leves.

Pequenos sopros sobre o mamilo também causam prazer. Passar gelo ou chupá-los com gelo na sua boca costuma ser um sucesso.

Você também pode apertar os mamilos com os dedos, puxá-los para cima, levá-los para os lados, fazê-los circular, tudo com variações na intensidade da pressão.

De novo eu lembro da importância de você "perceber" se o homem está gostando ou não. Isso vale para todos os atos que compõem a relação sexual.

Depois da excitação dos mamilos, vale subir até a boca e dar um beijo bem lambido e provocante. Pode dizer algo picante no ouvido dele e voltar a beijar seu peito. Dê uma descida provocativa até a virilha, com beijos e leves mordidas, e castigue-o com algumas poucas chupadas no pênis. Afinal, vocês ainda estão nas preliminares.

184 – O pé e seus dedos

Ao tomar banho com seu homem, dê um jeito de lavar tudo aquilo que você quer chupar depois.
Procure descobrir onde seu homem tem cócegas e evite causá-las. Elas normalmente são broxantes.
Já na cama, chupe o dedão do pé como se estivesse chupando o pênis. Chupe olhando para os olhos dele. Depois, passe a língua com certa pressão pelo vão dos dedos dos pés. Isso também é bem excitante. Aperte a planta dos pés com as unhas. Se o homem não tiver cócegas, vai gostar muito.

185 – A região do períneo

Essa zona, que vai do saco ao ânus, tem uma "costura" na pele. Essa é a parte mais excitável. Você pode passar a língua apenas sobre a costura, de cima abaixo. Pode dar lambidas circulares com mais pressão por toda a região. Os pontos extremos, na periferia do ânus e do saco, são muito excitáveis também. Você pode acariciar essa região toda com os dedos lambuzados de óleo de massagem, ou de leite condensado, para ser lambido posteriormente. Faça tudo que sua criatividade e o seu tesão permitirem.

186 – Costas

Coloque-o deitado de barriga para baixo. Deite sobre ele para que sinta seu peso, o calor do seu corpo e o toque da sua pele. Respire seu tesão no ouvido dele. Dê lambidas e mordidas na nuca. Esfregue seu corpo nu sobre o corpo dele. Passe seus seios de cima abaixo, do pescoço até as nádegas. Abra as nádegas e coloque seu seio no meio delas. Deixe-as "morder" seu seio. Aproveite que está nessa posição e comece a lamber suas costas. Dê leves mordidas. Todas as ações podem ser acompanhadas por toques das mãos e movimento com as unhas, sem arranhar com força. Se ele quiser que você faça com mais força, pode ter certeza de que pedirá.
Se você souber fazer a massagem tailandesa, esse é o momento certo. Se não souber, passe apenas creme hidratante ou óleo de

massagem ou mesmo óleo de banho nas costas dele e massageie-o com seus seios, cotovelos e mãos. Acentue a massagem nas nádegas e no períneo. Pode abusar e descer para a parte interior das coxas. Ele está de costas, é todo seu, pode ter certeza de que não reagirá negativamente. Já imaginou se ele "aprende" e depois repete a dose com você?

187 – Ânus

Faça uma incursão rápida pelo ânus. Toque-o e observe a reação do parceiro. Se ele for liberado, sem preocupações machistas, demonstrará que está gostando e isso é um sinal para você avançar mais. Alem de massagear o ânus e até de lambê-lo, você pode introduzir o dedo.
Há Homens (sim, com H maiúsculo) que já descobriram que seu ponto G fica na próstata. A introdução de dedo no ânus, em posição paralela ao períneo, permite uma "massagem" na próstata e levará o homem a orgasmos incríveis. Esse é o famoso "fio terra".
O homem que nunca experimentou e que não tem coragem de tentar vai afastar o seu dedo rapidamente.
Carinho nessa zona é portanto para ser experimentado ou negociado com antecedência. Tente descobrir se ele gosta ou não antes de tentar.

188 – Saco (tratarei de saco, por achar menos feio que escroto ou bolsa escrotal, concorda?)

É uma região sensível à dor e portanto precisa de cuidados especiais. O homem se excita com lambidas na "costura" da pele. Quando excitado, o saco fica mais duro e a costura mais acentuada para fora. Engolir as bolas, uma de cada vez, tem um componente de sacanagem, e isso excita. Não se detenha demais nele, pois a excitação não é muita e o homem mantém receios de alguma dor e a expectativa de que você chegue logo ao pênis (há mais detalhes sobre isso na parte 7, sobre sexo oral).

189 – Pênis

Deixei por último, apesar de ser a parte mais importante.
Quer queiram quer não, no sexo entre homem e mulher ele é o protagonista. Por mais que se fale na importância de tudo que se faz na pré-penetração, o pênis está sempre presente. Ele faz parte das

iniciativas e das acabativas. Integra o banquete desde o aperitivo. E em dupla com a vagina, é o prato principal e segue valorizado até a sobremesa.

Todos os homens amam seu pênis.

A glande (cabeça) do pênis é a parte mais excitável do corpo do homem. Ele adora ser chupado e principalmente quando a parceria olha nos seus olhos com o pênis na boca.

O tipo de pele da glande é único. Preste atenção na sensação gostosa de chupá-la. Além de se excitar pelo fato de estar dando muito prazer ao seu parceiro, terá um prazer adicional pelo tato, ao chupá-la.

Desejo que você, cara leitora, só encontre homens com pênis perfeitinhos, bonitos, no tamanho que mais goste, e que funcionem com a intensidade que saciem seus desejos. Entretanto, quando o céu não for totalmente azul, quando nem tudo forem flores lindas no jardim, nunca faça piadinhas. Por mais inocentes, engraçadas e até mesmo carinhosas que sejam as piadinhas sobre o "troféu" do seu homem, elas tenderão a ser mais broxantes do que estimulantes.

Não dê apelidos que tenham duplo sentido. Não fale com o pênis em sentido de fazer piada ou de cobrança.

– E aí meu, vai funcionar ou não?

– Tá cansadinho, é?

– Xiii, tá indisposto e vai se negar a levantar?

– Vamos cara, nem eu te chupando gostoso assim você vai se manifestar?

– Você é a única coisa pequena que eu adoro.

– Apesar de pequeno, saiba que me satisfaz completamente.

Lembre-se, nada de piadas com "ele".

Importante. A parte 7 é toda dedicada ao sexo oral e nela eu trato de outras coisas relacionadas ao pênis. Se eu esticar o assunto aqui, terei de repetir lá.

Coisas que os homens detestam (e até mesmo odeiam) na hora do sexo

Neste capítulo apresento a antítese do prazer. Detalhei melhor tudo que se refere ao prazer e não vou me estender na parte do desprazer. Acho que a simples citação das coisas que os homens odeiam é suficiente. Comentários dos porquês seriam totalmente desnecessários. Leia com atenção os capítulos "positivos" e deduzirá que se fizer tudo ao contrário do que é esperado para uma mulher boa de cama, provavelmente desagradará seu parceiro inúmeras vezes.

190 – Mulher que pega no pé

Mal acaba de transar e pergunta se ele vai ligar quando chegar em casa. Se vai ligar amanhã.

191 – Mulher desleixada

Aquela que tem mau hálito, depilação vencida, cabelos engordurados e malcheirosos, odores desagradáveis pelo corpo, principalmente nas axilas, lingerie feia ou em mau estado.

192 – Odores desagradáveis na "desejada"

Quando lavadas, todas as vaginas devem ficar sem cheiro forte. Há alguns que são exalados em razão da excitação e quando a mulher começa a ficar lubrificada. Esses são cheiros de sexo, de tesão, típicos das fêmeas e que atraem os machos. São agradáveis e um ótimo tempero para o amor. Refiro-me aos outros cheiros, provenientes de corrimentos ou de alterações na mucosa vaginal etc..

193 – Mulher que não se comunica

Não diz o que gosta nem o que detesta. Após o parceiro tentar todo o trivial e não perceber demonstrações de prazer, ele garimpa na lembrança o que leu nos livros sobre sexo e que seria infalível. Começam então toques e chupadas diferentes e ela se ofende. Diz que não gosta daquilo e joga o tesão abaixo de zero. O coitado descobriu sozinho que ela faz parte do grupo de 1% das mulheres que odeia aquelas práticas.

194 – Mulher que não rebola

Há mulher que abandona seu corpo na cama e deixa o homem se matando de tanto se mexer, sem que ela demonstre se está gostando ou não. O movimento da mulher alterna os locais de fricção tanto do pênis como da vagina e dá mais prazer ao casal.

195 – Mulher que não demonstra o orgasmo

O parceiro não sabe que horas tem de parar com a "função". Pior do que isso, não se satisfaz com o prazer dela e fica frustrado porque não percebeu que ela gozou.

196 – Sexo oral violento

A mulher exagera na dose, seja por excesso de desejos ou por desconhecimento de como fazer. Ela puxa para baixo a pele que reveste o pênis, estica tanto o "freio", aquela pele ligada à cabeça, que chega a causar dor. Muitas vezes deixa os dentes roçando, a ponto de machucar. Dá chupadas tão fortes de provoca hematomas.

197 – Sexo oral econômico

Apesar de o homem caprichar num longo sexo oral, "na vez dela" a economia chega a agredir. O homem se pergunta se tem algum problema ou se é ela mesmo que não gosta.

198 – Excesso de perfume

Seja fragrância que às vezes é espalhada pelo corpo, óleo corporal ou desodorantes muito perfumados. Tudo que é muito forte pode ser antitesão.

199 – Chupões e arranhões

Quando muito aparentes, esses sinais causam constrangimento no local de trabalho, socialmente, etc. A mulher deve saber dosar seus rompantes de tesão. Aquelas enfiadas de unhas nas costas, provocando arranhões que chegam a tirar sangue, só são bonitas na literatura erótica.

200 – Mulher fresca

Aquela que não topa quase nada na cama. A mulher tem todo o direito de não gostar de fazer algumas coisas, como sexo anal, gozar na boca etc., mas tem mulher que por frescura ou para se fazer de pudica e "séria" dá uma de quem não gosta de quase nada. Sua posição preferida é papai-mamãe e fala que não gosta muito de variar. Prefere se despir e transar totalmente no escuro e outras frescuras mais. "Homem gosta de mulher livre, leve e solta. Gosta de mulher avançada. Quem gosta de retardada é psicólogo."

201– Imitadora de bebê

Voz de nenê ou vocabulário do ta-ti-bi-ta-ti, tipo nenê num gota disso. Quelo mais, eu quelo. Vem meu totosinho.
Quem gosta de criança é pedófilo. Homem gosta da mulher que sussurra e sabe colocar sensualidade na voz.

202 – Mulher que faz sexo por "obrigação"

Na hora H ela está sem ânimo, mas não fala nada. E faz um sexo burocrático, querendo acabar o mais rápido possível. Para piorar, por ser boazinha demais, fala para o parceiro - "Eu não estou nos meus melhores dias, mas se fizer questão podemos transar desde que você prometa que vai gozar rapidinho. Será só para você, porque eu não quero hoje".

Fala de assuntos inconvenientes na cama. Como discussões com a sogra e pedindo o julgamento dele para saber quem estava errada. Fala de problemas com a empregada ou com os filhos. Diarreia causada por alguma coisa estranha que comeu. Corrimento vaginal etc. etc. etc.. Não há tesão que supere isso tudo.

203 – Insistente negativamente

Insistência em fazer coisas que o parceiro já disse que não gosta, ou que causaram dor do jeito que foi feito. Isso vale para mordidas, arranhadas, chupadas, esticadas da pele do pênis com força e até fio terra. Apenas 30% dos homens desejam o toque do seu ponto G via introdução do dedo no seu ânus, o chamado fio terra. Descubra se seu parceiro está nesse grupo, ou nos 70% que rejeitam toque anal.

204 – Mulher que rejeita qualquer ideia mais ousada, seja de local para fazer sexo, seja de posições diferentes

205 – Mulher que finge o orgasmo

Acredite, na maioria das vezes o homem percebe quando a mulher finge. Ele não fala por delicadeza. Se a mulher tem dificuldade para atingir o orgasmo vaginal deve comunicar isso ao parceiro. Ele irá tentar um orgasmo clitoriano. Será muito melhor do que fingir orgasmos.

206 – Me excita que eu gosto

Mulher que demora para se esquentar e rejeita a penetração pedindo para ser excitada um pouco mais. Ela sabe que não vai se excitar, mas egoisticamente quer ficar curtindo sozinha essa fase preliminar. Pior ainda é a mulher que só quer receber prazer e não se preocupa em dar. Quer mais sexo oral, mesmo sem ter feito nenhum nele. Após o parceiro fazer de tudo e não arrancar nem um suspiro, o que ele mais quer é tentar excitá-la via penetração ou acabar da forma mais elegante possível com a frustração.

207 – Olhares e atitudes dissimuladas

Pior do que a mulher parada na cama, a que me referi antes, é a que também fica com o olhar difuso, como se nada estivesse acontecendo com ela. Olha para todos os lados, menos para o seu parceiro, não muda de expressão e não demonstra nenhum interesse. Às vezes boceja durante o ato e até olha no relógio para ver as horas. Sem saber bem o que a mulher está sentindo, o coitado pergunta se ela está sentindo gostoso e ela responde com outra pergunta – sentindo o quê, amor?

208 – Nem tudo sobe sozinho na vida

A ereção do homem não ocorre por acaso. Há que ter tesão em sua mente e desejos a satisfazer. Portanto, necessita de estímulos, principalmente físicos. Há mulheres que fingem desconhecer essa necessidade. Homens odeiam quando a mulher não faz os "carinhos" adequados para a ereção do seu pênis e abre as pernas esperando pela penetração.

PARTE 7

SEXO ORAL

No capitulo que tem a "dica de um milhão de dólares" eu trato da importância da mulher se especializar em sexo oral. Pouca coisa agrada tanto o homem como sexo oral.

Para a mulher fazer sexo oral igual ou melhor ao que o seu parceiro sempre sonhou, ela precisa ler sobre o assunto, observar a reação do parceiro à medida que vai aplicando seu aprendizado, e, o mais importante, tem de gostar muito da coisa.

A mulher só fará um boquete perfeito se gostar muito de pênis. Ela tem de ter sonhos em que chupa muito um pênis. Tem de sonhar acordada, imaginando a delícia que é o sexo oral e como ela gosta de proporcionar esse tipo prazer ao seu parceiro.

De tanto que gosta de um pênis, a mulher tem de se entusiasmar ao segurá-lo e ter vontade de elogiá-lo após admirá-lo. E elogio ao "melhor amigo" do homem não pode ser economizado. Homem adora elogios. Deve falar que gosta do pênis dele, que é lindo, que é grosso, que adora senti-lo nas mãos, que sonhou em colocar todo na boca.

Lembre-se, o prazer de chupar supera qualquer eventual "deficiência técnica". O tesão exacerbado é a melhor técnica. A mulher que chupa com tesão demonstra isso no olhar. Ela fala pelo olhar que aquilo é a melhor coisa que poderia estar fazendo naquele momento. O homem fica piradinho quando a mulher pergunta se ele vai deixá-la chupar muito, até gozar na sua boca.

A mulher que gosta de sexo oral se excita muito em realizá-lo. Algumas sentam na perna do parceiro e nela roçam seu clitóris enquanto chupam. Chegam ao orgasmo assim. Sexo oral bem feito enlouquece o homem e dá um prazer duplo à mulher. Primeiro, porque gosta de fazer. Segundo, porque pode gozar aproveitando-se das diversas posições. E finalmente porque tem muito prazer em proporcionar esse tipo de prazer ao seu homem. Se você gosta muito de sexo oral, mãos à obra, ou melhor, boca nele.

Sexo oral é um acontecimento e começa na cabeça. Tem o momento certo para começar. É quando o clima "exige" algo especial. É para ser um acontecimento na relação sexual, uma daquelas coisas que podem ser inesquecíveis. Por isso mesmo, a cabeça dos dois tem de estar na mesma vibração, com o mesmo desejo. Confesso que para os homens esse desejo é praticamente constante e, portanto, quando a vontade despertar em você, ou quando uma oportunidade sugerir, poderá surpreendê-lo, e isso será muito excitante para os dois.

Apesar de eu tratar a seguir de como praticar um ótimo sexo oral (que com frequência vou tratar como boquete, por ser a expressão de uso mais comum e não vou chamar de felação, por achar muito técnico e chato. (Você já se imaginou dizendo ao parceiro – vou alucinar você com uma felação?), não significa que é para você fazer sempre da mesma maneira. Pegue a inspiração aqui e ponha sua criatividade e o seu tesão para trabalharem a seu favor. Nada da mesma sequência, pois, por melhor que seja, cairá na monotonia. (Não vou falar as coisas mais básicas, porque não precisamos perder tempo com elas, tá?)

Comece por entender que o homem é um ser que necessita de excitação para ter ereção. Desconsiderando a fase que vai dos 15 aos 19 anos, em que, com motivo ou sem, o adolescente tem ereções, para o resto da vida a excitação será indispensável. Uns mais, outros menos. Mas sem tesão não haverá ereção.

Há mulheres que abrem as pernas e dizem "vem", para o homem. Sem preliminares, sem toques, carícias etc. Desconhecem que, para a ereção, o homem precisa ser estimulado. Se o cara não for um atleta sexual, poderá broxar e ainda sairá complexado após a transa que não se consumou. Portanto, mesmo que seu homem estiver com o membro aparentemente pronto para a coisa, não deixe de excitá-lo mais um pouco com um toque agradável, ou mesmo um boquete.

209 – Se você não gosta, sugiro duas coisas

A – Dizer ao parceiro que praticou pouco sexo oral até agora e que por isso não sabe fazer muito bem, mas que está disposta a aprender e quer que ele a ensine. A partir daí vá experimentando e faça de tudo para vencer as barreiras existentes.
Se você não contar para ele e fizer mecanicamente só para agradá-lo, ele perceberá que você não gosta da coisa. Nem ele nem você terão prazer.
B – Seja franca com ele e diga que não gosta. Se explicar as razões ele poderá aceitar e nunca mais pedirá a você. Saiba que ele sempre ficará na expectativa de que um dia você mude e passe a gostar. Mas não se agrida. Sugiro entretanto que analise as razões da rejeição

e faça o possível para vencê-las. Lamento dizer, mas uma relação sexual fica incompleta sem um bom sexo oral. É como refeição sem sobremesa, bolo sem recheio nem cobertura, praia sem sol, barco a vela sem vento. Isoladamente, tudo é bom e gostoso, mas seria muito melhor com os complementos. Se você gosta de receber sexo oral, sabe como a coisa é gostosa e importante.

210 – Ao gosto de ambos

O sexo oral é indispensável nas **preliminares**. Pode ser repetido várias vezes **durante** a sessão sexual, dependendo apenas do desejo de ambos e pode ser feito para **finalizar** a relação, no momento em que decidirem pela ejaculação final do homem. A frequência e a sequência devem ser espontâneas. Haverá dias com muito sexo oral e outros com menos. Até essa variação de intensidade é importante para que as sessões de sexo nunca sejam monótonas.

Sexo oral nas preliminares

Essa parte, o "primeiro ato", vale como início de todas as formas de boquete. Portanto, não vou repeti-la. As diferenças ficarão para o "segundo ato", uma vez que variam conforme as intenções e os desejos.

212 – Primeiro ato (esta é uma dica de ouro)

Na maioria dos livros e revistas femininas você lerá que o pênis deve ser chupado como um pirulito. Cuidado. Não é bem assim. Esse tipo de chupada pode e deve ser feito, mas ela é a mínima parte e não a predominante. Além disso, a função "sugar" deve ser feita sem muita pressão de sucção, uma vez que pode causar dor e deixar aquelas marcas tão conhecidas dos chupões.

Um boquete não é feito exclusivamente com a boca executando a função "chupar". Ele é composto de todos os recursos disponíveis. Começa com o uso do ouvido dele. A partir do momento que disser que deseja chupá-lo, começou o sexo oral. Seu parceiro vai se excitar muito ao saber das suas intenções.

Desde o instante que segurar o pênis, olhe nos olhos dele. Demonstre que vai iniciar uma sessão especial de prazer. Fale durante o ato.

Mostre que está com muito tesão, pois isso aumentará a excitação. Elogie o pênis, a delícia que é chupá-lo.

A mão é fundamental no sexo oral. Tanto para segurar de forma envolvente e com pressão todo o membro, como para fazer um anel com os dedos indicador e polegar, de cujo uso tratarei mais adiante.

Deixei a boca como o último elemento do sexo oral, uma vez que ela entrará em ação já na fase do "agora vou chupar você bem gostoso". Transforme sua boca em um órgão sexual dos mais ousados e atrevidos. Isso dará muito prazer a você e ao seu parceiro.

Beije o corpo todo do seu homem. Chupe os mamilos dele, do jeito que você gosta de ser chupada nos seios e pelo tempo que gosta. Mantenha o pênis na mão, fazendo movimentos lentos de masturbação, enquanto continua beijando, chupando e mordiscando o corpo dele. Chegue na virilha e dê boas lambidas, forçando a língua com movimentos circulares. Acaricie e beije a parte interna da coxa dele. Essa área é muito estimulante. Até então, ele continua com a expectativa de que você vai chupar seu membro e isso o excita muito.

213 – "Segundo ato", o boquete tradicional (esta é uma dica de ouro)

Depois dessas carícias todas, chegou a hora de começar o ato principal. Coloque-se na posição mais cômoda possível e dê beijos no pênis. Deixe para chupar a cabeça o mais tarde que vocês resistirem, o que não quer dizer que algumas chupadinhas ocasionais quebrarão o encanto. Como a cabeça tem a maioria das terminações nervosas, as chupadas causam as sensações mais fortes. Depois de chupar bem a cabeça, o restante fica meio sem graça. Portanto, comece dando lambidas de baixo para cima, da base à glande do pênis. Serão lambidas lentas, com a língua larga, toda aberta e relaxada. Intercale com lambidas que comecem abaixo do saco (trato de saco, pois escroto ou bolsa escrotal ninguém merece), passem por ele e percorram o pênis. Alterne com uma passada da ponta da língua bem dura, pela risca da pele (eu chamo de costura, porque parece uma emenda da pele) do períneo (região que fica entre o saco e o ânus) até a glande. Essa costura e o "freio", aquela pele que une a pele do pênis (prepúcio) à cabeça, causam muito prazer. Sempre que lembrar, concentre-se em percorrer a costura e o freio com a língua.

Muito cuidado, entretanto, com o freio. Quando puxado para

baixo e esticado em excesso, pode causar muita dor. Há mulheres que "aprendem" a puxar o prepúcio todo para baixo, achando que chupar o pênis com a pele toda esticada dará mais prazer ao parceiro. Estão errando grosseiramente e deixando o homem sob tensão, pois ele fica esperando a dor que será causada pela próxima esticada.

Lamber a região toda do períneo também excita muito. Além da lambida com a língua bem larga, alternando com a pontinha sobre a costura, você pode lamber a região com movimentos circulares e um pouco mais de pressão. As carícias podem ir da beirada do ânus até o saco.

As bolas (testículos) podem ser engolidas, uma a uma ou as duas de uma vez só (o que é meio difícil). Devem ser chupadas com muito cuidado, pois, como todo mundo sabe, são as partes mais doloridas do homem. A chupada nas bolas também vale mais pela sacanagem do que pela excitação. Portanto, não precisa se deter nelas nem alongar as chupadas. Estando pela região, pode sempre dar algumas lambidas e engolidas nas bolas. Mas, como disse antes, valerão como estímulo visual etc. e menos para aumentar a excitação. Alguns homens gostam mais da chupada no saco que outros. Repito sempre que, para tudo, o que conta mesmo é a sua observação e percepção. Se perceber que seu parceiro gosta muito, capriche.

Depois dessa surra de beijos, carícias, mordidas e lambidas que você deu nele, chegou a hora de focar no pênis.

Seu homem já curtiu muito você até aqui e apesar de estar contando com o boquete propriamente dito, ele estará maravilhado com a atenção que você está dando a essas preliminares. Falei tudo isso, mas o boquete nas preliminares é para durar de 5 a 15 minutos.

Comece o boquete pressionando um pouco o saco para baixo. Deixe uma das mãos segurando a base do pênis. Isso aumenta a excitação do homem e deixa mais pênis à sua disposição. Dependendo do comprimento dos seus cabelos, prenda-os para não atrapalharem você e para que ele possa vê-la. Os toques e as chupadas são deliciosos, mas o homem é visual, lembra? Olhar as coisas acontecendo é tão ou mais importante que o ato em si. Lembre-se de deixar por último os carinhos e as chupadas na cabeça do pênis. Comece lambendo da base para cima, com a língua bem larga. Não se esqueça de passar a pontinha pela costura. Pare no freio e dê uma chupadinha nele. Passe a língua pelas laterais, sempre com movimentos lentos, com seus lábios e sua língua bem moles.

Lamba o saco.

Bata com o pênis na sua língua, no seu rosto. Faça isso de forma bem exposta, para que ele possa observar tudo e se deliciar. Demonstre o seu tesão e que está gostando muito de tudo isso. A única hora que seus dentes poderão tocar o pênis é essa. Pode dar leves mordidas no corpo do pênis. Olhe nos olhos dele e pergunte se gosta. Dependendo da resposta, já saberá o que fazer. Depois disso, esconda os dentes com os lábios e nunca mais o toque. Ao dar as lambidas nas laterais, poderá surpreendê-lo e dar uma engolida nele todo. Volte para as brincadeiras. Passe a língua pela glande, sem chupa-lá. Deixe-a bem larga e bem mole. Pode voltar a beijar e engolir os testículos e olhar a reação dele.

Finalmente, segure-o com uma boa pressão, encaixando-o todo na mão, e faça o movimento meio lento de masturbação por uns 30 segundos. A outra mão continua segurando a base dele, lembra? E chupe a cabeça, que está ávida pela sua boca.

Tente sempre engolir o máximo possível. Chupe com prazer e demonstre isso a ele.

Chupe a cabeça, enquanto a mão faz o movimento de masturbação. Deixe escorrer saliva para que fique tudo muito lubrificado, ou utilize os géis com sabor que são vendidos nos *sex shops*.

Agora que você começou a parte principal do boquete, estabeleça uma progressão no ritmo. Comece lentamente e vá aumentando. Não varie demais. Não pare para voltar aos testículos, por exemplo. Uma vez tendo chegado à cabeça, não brinque muito mais. Volto a repetir para não chupá-lo sempre como um pirulito. Pode fazer isso poucas vezes, de forma intermitente e por pouco tempo. O que conta mesmo e dá muito prazer é a fricção com seus lábios, a pressão dos lábios, apertar o pênis com a língua contra o céu da boca, segurá-lo com vigor com a mão.

Deixe a boca entreaberta e dificulte a entrada do pênis com os lábios e com a língua. A boca deve ficar apertadinha como a vagina, para aumentar o prazer. Ao estabelecer o ritmo mais forte, semelhante ao da penetração na vagina, pode fazer menos pressão com a boca e aumentar a pressão com a mão. Se vocês estão nas preliminares, mesmo quem não tem ejaculação precoce já está quase no ponto máximo da excitação. Decidam intuitivamente por quanto tempo vão continuar no sexo oral.

Duas outras formas de chupar são:

A – segurar o pênis com a mão toda e fazer um movimento

sincronizado com a boca. A mão encosta na boca, formando uma máquina só de prazer. Sobe e desce em conjunto.
B – Fazer um anel com o dedo indicador e o polegar, idêntico àquele sinal de ok de filme americano ou de vai tomar no... rabo, tão usual no Brasil. Esse anel também fica encostado na boca. O sobe e desce é único. Pelo fato de ser um anel, você poderá aumentar ou diminuir a pressão no pênis. A pressão feita com o anel colado à boca dá sensação ao homem de que pressão está sendo feita com a boca. Homem gosta de pressão. Quando ele se masturba, aperta muito o pênis.

Variações sobre o mesmo tema: a boca ousada

Daqui para frente não vou repetir o "primeiro ato" nem a essência do "segundo ato". Vou apresentar variações sobre o mesmo tema. As ações acima são indispensáveis, mas elas serão realizadas com movimentos diferentes e complementos que tornarão o sexo oral mais picante. Não é porque se chama sexo oral que será sempre feito apenas com a boca.

214 – Lambendo os beiços

Encontre uma forma de fazer sexo oral que seja única. A experiência e o gosto em fazê-lo permitirão que ele seja cada vez melhor.
Vários comes & bebes são excelentes aditivos para o sexo oral. Permitem associar o prazer dos doces e bebidas com a sacanagem de lamber um pênis todo lambuzado. Alguns dos produtos como leite condensado, *chantilly*, *marshmallow*, mel e assemelhados servem como lubrificantes para a masturbação, praticada como acessória ao boquete. Dão um prazer inusitado ao homem. E depois dessa masturbação sobra ainda o prazer provocado pelas lambidas e chupadas para "limpar" o membro. Quanto mais viscosos, melhor. Assim, vai exigir que a língua trabalhe mais para retirá-los. Isso complementará o prazer dos dois.

215 – O gelo que esquenta

Experimente chupá-lo com uma bala de hortelã bem ardida ou com

Halls preto e assopre de vez em quando. Chupe-o com gelo ou água gelada na sua boca. Encha a boca de gelatina gelada e capriche no boquete.
Ponha sorvete na boca e beije-o. Depois ponha mais sorvete, e chupe-o. Sua boca gelada provocará um contraste muito excitante no pênis quente dele. Na falta de sorvete, use gelo. O resultado será o mesmo. Das variações acima, escolha a que mais agradar aos dois. Criem, deem um toque pessoal nas preferidas.
Lembre-se de que na hora do sexo o gelado esquenta e apimenta.

216 – Cascatas

O corpo é realmente um "objeto" de mil e uma utilidades. Entre tudo o que você já leu aqui e que ainda lerá, destaco a delícia que é consumir bebidas espalhadas no corpo da pessoa amada. *Champagnes*, espumantes e até refrigerantes ficam mais gostosos quando consumidos com lambidas ou em cascatas que normalmente deságuam nas "partes". É excitante usar o próprio corpo para servir o parceiro. Ele vai adorar beber tudo que estiver escorrendo pela sua vagina. As sensações de prazer serão variadas, uma vez que serão provocadas pela temperatura baixa da bebida, pelas borbulhas e espumas, contrastando com o calor do corpo e da língua. Você pode encher de champagne um corpo de boca larga, mergulhar o pênis e depois chupá-lo, sorvendo com muito prazer. De quando em quando uma taça da bebida pode ser consumida "normalmente", com direito a brinde. Afinal, vocês estão em uma festa.

Sexo oral ao longo da sessão sexual

Qualquer hora é hora para retomar o sexo oral. De ambos os lados. Mas como estou falando para as mulheres, vou destacar o que os homens gostam.

217 – Após o descanso do guerreiro

O homem adora quando a mulher o "desperta" para uma nova transa. O membro que ficou em descanso após uma transa, está com resíduos do seu líquido vaginal e possivelmente do sêmen dele, ou até do lubrificante da camisinha. Se isso causar desconforto a você para retomar o boquete, levante alegremente e convide-o para um banho. Além de algumas chupadas durante o banho, você o deixará prontinho para ser chupado novamente na cama.Você pode repetir parte do que está exposto no "primeiro ato".

Outras formas de praticar um grande boquete

218 – Rosca invertida (esta é um dica de ouro)

Coloque um lápis entre as duas mãos. Movimente as mãos de modo a fazer o lápis rolar no meio delas. Entendeu? Sim, é isso que você fará com seu homem. Segurará o pênis dele com as duas mãos espalmadas, abertas. Chupará a cabeça e a parte do corpo dele que for possível, enquanto movimenta as mãos para cima e para baixo e para frente e para trás. Mexa como sentir que é gostoso para ele. A sensação de prazer que ele terá será incrível. Faça pelo tempo que você quiser, pois se depender dele só vai parar depois "daquela hora".
Esse pode ser um boquete apenas para acordá-lo ou para que goze de novo. Isso fica por conta de vocês.

219 – O gostoso famoso

Tanto nas preliminares como durante a sessão sexual poderá rolar o famoso 69. Há várias posições em que vocês podem realizar sexo oral recíproco. A mais tradicional é a mulher por cima, mas vale a pena experimentar o inverso para ver qual vocês gostam mais, ou pelo menos para variar. Pode ser feita meio de lado, com você deitada normalmente e ele deitado ao seu lado, na posição invertida. Ele apoiará a cabeça em uma das suas pernas e ficará em posição ótima para começar a chupá-la. Você pode dar uma ajuda, virando um pouco o quadril, facilitando o acesso dele à sua vagina. Ele também se virará para você, deixando o membro todo à sua disposição. A vantagem dessa posição é que não dá cansaço físico. Outra vantagem é que ele ficará com o braço e a mão disponível para tocá-la, acariciar o seu períneo, enfiar dedos na sua vagina ou massagear o seu ânus. Por sua vez, você poderá também acariciar o períneo dele, massagear-lhe o ânus e até fazer "fio terra", se ele gostar. Como você está com a mão livre, também poderá masturbá-lo enquanto ele a chupa.

Há posições circenses para o 69. O homem, em pé, pode pegá-la de ponta cabeça. Ambos se chupam por pouco tempo, pois o desconforto é total. Só vale pelo inusitado e para sacanagem. Ainda invertido assim, mas sem tanto esforço, ele poderá sentar-se na beirada da cama, ficar mais ou menos a 30°. Ele pode usar almofadas para apoiar as costas ou apenas os cotovelos. Você deitada sobre o corpo dele também não se esforçará demais. É diferente do 69 tradicional e põe fogo na relação. Use sua criatividade e invente outras formas mais prazerosas.

Em qualquer das posições, o 69 pode ser feito apenas como estimulante ou com o objetivo de se atingir o orgasmo numa posição diferente. Essa decisão é de vocês.

220 – Banheiro, um recanto do amor

A banheira ou mesmo um simples box são excelentes lugares para a prática do sexo oral. Na maioria das vezes você estará sentada e ele em pé. Você pode fazer a rosca invertida, contando com a lubrificação da água. Neste caso, poderá "manuseá-lo" sem receios e poderá chupá-lo numa posição que é agradável para você e para ele. O boquete no banheiro pode ser completo, ou seja, com o parceiro gozando na sua boca, mesmo que você não esteja acostumada a isso. Você poderá dar esse presente para ele. Homem adora a sacanagem de gozar na boca da mulher. Chupe-o à vontade, capriche, pois já que você decidiu que quer que ele goze na sua boca, deve tentar fazer um boquete realmente inesquecível. Na hora que ele for gozar, não o deixe perceber expressões de apreensão ou nojo, mas sim de prazer. Trabalhe bem com suas mãos e faça um obstáculo com a língua para o sêmen não entrar boca adentro, e deixe-o escorrer pelos lábios. Continue chupando com essa pequena área da sua boca até que sinta que já se passaram uns 30 segundos após o último jorro. Isso completará o prazer dele. Você pode espalhar pelo seu corpo o sêmen que escorreu da sua boca. Faça isso demonstrando prazer, e ele ficará "agradecido". Depois de tudo isso, você pode "espremer" o membro dele, tirando a última gota do sêmen. Poderá lambê-la (o que seria apoteótico) ou deixá-la cair no seu rosto ou sobre seus seios. Como você está no banheiro, lave discretamente a boca, sem cuspir ostensivamente. Aproveite e lave também seu colo e seus seios. Conclua dizendo alguma coisa bem quente no ouvido dele. Exemplo: "Adorei ter você gozando na minha boca". Com uma carinha sapeca, você pode perguntar a ele: "Você gozou gostoso?" É lógico que já sabe qual será a resposta. E pode dizer muitas coisas mais, referindo-se à experiência e ao prazer que vocês tiveram.

O banheiro é um bom lugar também para você chupá-lo ajoelhada e se masturbar ao mesmo tempo. Com uma mão você segura o membro dele e com a outra se masturba. As mulheres reportam que gozar assim, com um pênis na boca, dá um prazer incrível. Você gozará primeiro, sem pensar nele, e a transa tomará o rumo que vocês quiserem. E você também pode colocá-lo sentado no chão e "permitir" que ele a chupe. Se você gozar com facilidade, poderá ter fortíssimos orgasmos.

Seja previdente, lave muito bem o seu ânus, pois é bem provável que, já que está sentado e você em pé, que ele queira que você dê meia volta, para que possa lambê-lo e chupá-lo também. Há reportes de mulheres que têm orgasmos incríveis no ânus, com parceiros que souberam chupá-las até levá-las ao *gran finale*.

Outras "peças" do banheiro podem ser usadas. Você pode sentar-se no vaso sanitário e chupá-lo. Ele pode sentar e você se ajoelha. Ele pode sentar-se na pia. Tudo depende da criatividade e do tesão de vocês. Inspirou-se?

As dicas de ouro para um sexo oral brilhante

221 – Lembre-se que o sexo oral começa na cabeça. É um desejo que vai crescendo na cabeça da mulher e no momento certo acontece nas cabeças do homem.

Ao iniciar o sexo oral ative o ouvido. Lembre-se sempre que os olhos e os ouvidos são órgãos sexuais muito importantes no homem. Se você sussurrar no ouvido dele que deseja chupá-lo, funcionará como injeção na veia. Efeito imediato.

Sempre que possível, surpreenda-o com um boquete. Faça nos momentos que você quiser, mas faça. Não espere o homem pedir. Uma relação sexual só é completa com sexo oral. Em ambos.

222 – Quem vê cara, vê tesão. Olhe sempre para o parceiro, com cara de tesão. Demonstre que está gostando muito de estar chupando-o.

Homem adora sentir-se desejado.

223 – Elogie-o. Diga o quanto é gostoso. Que seu pênis é lindo, grande e grosso. Que seu corpo é lindo e que você tem o maior tesão por ele.

224 – Segure com prazer. Segure a base do pênis com uma das mãos, enquanto a outra trabalha. Isso dará mais prazer ao homem. Envolva até uma parte do saco, sem apertá-lo.

225 – Deixe-o comer a sua boca. Sente na cama ou numa cadeira. Ele fica em pé segurando sua cabeça e fazendo o mesmo movimento da penetração vaginal. Isso o excitará, uma vez que a associação será inevitável. Olhe com intensidade para ele. Ele se excitará mais ainda. Se você quiser que ele goze nessa posição, mande pau.

226 – Sexo oral com as mãos. Quem disse que sexo oral é feito apenas com a boca? Use e abuse da capacidade das suas mãos. Prepare-se para cair de boca na hora certa.

227 – Acaricie o saco e o períneo. Não deixe de passar um ou mais dedos pela costura que há nessa região. Ela é fonte de excitação.

228 – Rosca invertida. Faça só com as mãos, ou associada com a boca. Se fizer só com as mãos, lembre-se de lubrificar principalmente a cabeça, para não machucá-la. Segure o pênis fazendo com que a pele que o reveste (prepúcio) fique sobrando para envolver a glande. Faça com as mãos os movimentos pra cima e para baixo e para frente e para trás. Enrole-o na sua mão, mexa com um ritmo crescente. Aumente e diminua a pressão das mãos. Encubra a glande com a pele e movimente suas mãos sobre ela.

229 – Engolir com prazer. Se você não conseguir engolir o membro todo do seu parceiro, isso não o desagradará, desde que você segure firme com a mão, fazendo dela uma extensão da sua boca.

230 – Boca quase fechada. Deixe sua boca apertadinha, como sua vagina e o seu ânus. Use a língua para fazer pressão sobre o pênis. Aperte-o contra o céu da boca.

231 – Devagar e com prazer. As lambidas devem ser sempre muito lentas no sexo oral. Curta cada lambida. Sinta na sua língua as diferentes texturas, tanto da pele do pênis como da glande. Lambuze com saliva, para ficar mais excitante. Nunca demonstre pressa nem chupe com velocidade excessiva.

232 – Não quebre o ritimo. Enquanto você não estabeleceu o ritmo ideal do boquete, ainda é excitante deixar de chupar o pênis, segurá-lo com a mão e beijar a virilha, subir até os mamilos e dar beijos na boca. Depois que você assumir um ritmo constante e crescente, não interrompa mais, a não ser para que ele a penetre ou após o orgasmo nas mãos ou na boca.

233 – Variar sempre. Ao chupá-lo, varie tirando o membro da boca e batendo na língua, no rosto, no seu colo, ou nos seios. Volte a chupar.

234 – Force a bochecha. Faça com que o pênis a pressione. Além da sensação gostosa de sentir essa resistência, se o parceiro estiver olhando você chupá-lo, vai gostar de ver o "precioso" na sua boca esticando a pele do rosto.

235 – Vibrações orais. Segure o pênis pressionando o céu da boca com a língua e comece a vibrar a garganta como se estivesse solfejando, cantarolando uma música. A vibração da garganta se irradiará pela boca, como um todo envolvendo-o. Esse tremor dará um sensação muito gostosa nele.

236 – Não faça sexo oral por obrigação. Se você não gostar mesmo da coisa, explique isso a ele. Será melhor não fazer nada do que dar apenas umas lambidinhas rápidas, fazendo cara de nojo, ou de quem está fazendo por fazer.

237 – Sem pressa. A duração do sexo oral dependerá muito mais de você do que dele. Enquanto vocês estiverem fazendo com muita sede e tesão, ele "aceitará" continuar. Uma parada triunfal é quando você diz a ele: "Agora quero que ponha todinho dentro de mim".

238 – Prazer inesperado. Se a intenção não era fazer boquete para que ele gozasse, mas você percebeu que o dito está próximo e que ele está desejando gozar, não interrompa mais. Capriche mais ainda e faça com que ele goze bem gostoso. Orgasmos não programados são marcantes e deixam saudade.

239 – Começando antes. A sessão de sexo oral pode começar com um torpedo enviado a ele durante o dia, ou mesmo quando já estiver jantando com você. "Estou com vontade de chupá-lo bem gostoso, sabia?" A cabeça dele vai ficar viajando até encontrar-se com a sua boca. Tem dúvidas de que já começou?

Obs.: Há mais uma série de sugestões sobre a prática do sexo oral pelas páginas deste livro que não precisam ser repetidas aqui. Leia-as principalmente nos capítulos Preliminares e Como ser uma mulher boa de cama.

As deliciosas e arriscadas loucuras com sexo oral

240 – Fácil e rápido

Por ser relativamente prático, afinal basta sacar o membro para fora da calça, o sexo oral pode ser feito em lugares inusitados e até bem arriscados, como, por exemplo, dentro do carro parado ou em movimento. Deve ser tomado algum cuidado com o orgasmo dele quando estiver dirigindo, pois poderá perder o controle do carro.
No escurinho do cinema. Você pode ajoelhar entre as pernas dele. É mais desconfortável, mas você pode permanecer sentada e dobrar o corpo até que sua boca atinja o alvo.
Nas escadas dos prédios. Nos banheiros dos restaurantes ou das baladas.
Nos elevadores. Confira se não há câmeras, por favor.
Nos matinhos das chácaras, hotéis de campo, etc. Ou uma escapada da estrada em que estão viajando, entrando em canaviais, tão comuns hoje.
Nas famosas praias desertas, que estão na fantasia de muita gente.
Dentro de um ônibus em viagem intermunicipal, de preferência à noite. Idem em aviões.
Em qualquer outro lugar que surgir a oportunidade e que o tesão for incontrolável. Não tenha medo de ousar. Correr um pouco de risco apimenta o sexo. Eu disse um pouco, tá?

Gozar na boca ou não

241 – O *gran finale*

Se você gostar que o homem goze na sua boca, capriche ainda mais na chupada, sugue tudo e após o orgasmo continue dando pequenas chupadas. Dê lambidas lascivas e vá sorvendo as últimas gotas, olhando nos olhos dele (acho que palavras como lasciva e sorver foram criadas para ser usadas em textos de sexo, você concorda?). Curta o prazer dele e deixe que perceba que você está adorando. Por mais que não mude mais a sensação de prazer vivenciada com o orgasmo, pois o parceiro já ejaculou na sua boca, ele adora que você engula o líquido, representando um *gran finale* para o sexo oral.

242 – Hoje eu quero

Há mulheres que até "aceitam" a ejaculação na boca, mas em certo dia especial decidem engolir o sêmen e lamber até a última gota. O parceiro que sabe que ela nunca havia feito isso antes com certeza reconhecerá isso como um ato de amor e de muito tesão por ele.

243 – A enganação que satisfaz

Se você não gostar de engolir, não se incomode demais com isso, pois não é um ponto fraco. Dedique-se, entretanto, a prolongar e completar o prazer dele. Enquanto continua chupando-o, deixe a boca entreaberta para que o líquido escorra pelos lábios. Volte ao pênis e o lambuze todo. Mas vá chupando por mais de um minuto após a ejaculação. Esse final do orgasmo, lento e curtido, deixa o parceiro muito mais satisfeito. Ele nunca mais vai querer outra mulher.

244 – Gosto muito de "quase tudo"

Bem, você não gosta nem mesmo de sentir o sêmen na boca? Mantenha o boquete com a participação ativa das mãos e na hora H tire o pênis da boca e esfregue-o no rosto ou nos seios, ou simplesmente concentre o movimento das mãos sobre a glande, sem parar antes do último jorro, com mexidas leves e amorosas por mais um minuto. Não largue o bastão ao primeiro sinal, dando a missão como cumprida.

O que não pode ser feito no sexo oral, sob pena de melar o clima

245 – Esticar o freio do pênis

A pele que une a glande ao prepúcio (ou, na linguagem usual, a cabeça à pele do corpo dele) é muito sensível. Nunca masturbe seu parceiro esticando demais essa pele. Ao chupá-lo, também não a estique. A dor que isso pode causar chega a ser broxante.

246 – Molhadinho é melhor

Masturbação e boquete a seco. Pênis gosta de ambientes molhados. Os efeitos da tentativa de penetração na vagina seca você conhece. O mesmo desconforto acontece para o homem na masturbação e no boquete a seco. Mulheres que não conseguem salivar ao chupar o pênis podem manter um copo de água acessível ou utilizar géis, inclusive com sabor, especiais para esse tipo de lubrificação.

247 – Raspar com os dentes

Atenção, o Ministério do Sexo informa: raspar um pênis com os dentes pode causar ferimentos e impedir a realização de sexo por vários dias.
Algumas mordidas no corpo dele, ou poucas mordidas muito leves na glande eventualmente poderão ser dadas, perguntando ao parceiro se ele gosta. O percentual dos que não gostam chega a 99,9%. Preciso alertar mais?

248 – Chupar como um pirulito

Essa falsa ideia disseminou-se, principalmente pelas revistas femininas e livros escritos por mulheres, sem que alguém perguntasse aos homens o grau de verdade disso. Imaginando que estão abafando, algumas coitadas mal informadas se limitam a segurar o pirulito do namorado e a chupá-lo intensamente. Fazem poucas variações de intensidade e quase sem movimentos manuais. Chupam como a um pirulito sem o ritmo adequado. Além de não proporcionarem prazer ao homem, por sugar forte demais, chegam a causar hematomas no brinquedinho.

249 – Friccionar a glande com as mãos secas

É diferente da dica 245. A pele do membro não pode ser esticada com uma das mãos deixando a outra seca ou pouco lubrificada envolvê-lo, e realizar o movimento de sobe/desce. O atrito causará irritação e ferimentos. Na masturbação antes de chupá-lo, se não houver lubrificante e você estiver com pouca saliva, segure o membro mais pela parte de baixo, fazendo com que ao subir até a glande a pele a envolva. Sua mão não atritará o pênis, uma vez que estará usando a proteção do prepúcio, mas mesmo assim excitará a glande.

250 – Dar apelidos "carinhosos"

Evite batizar o monumento do seu parceiro, para não errar na dose. Qualquer nome que contenha inho, por mais carinhoso que seja,vai constrangê-lo. Nada de "meu bonequinho querido" "brinquedinho que me faz tão feliz" "pauzinho, pintinho ou cacetinho".

Os segredos de um bom boquete

Não ter pressa.
Gostar de fazer e demonstrar o tesão.
Olhar para os olhos dele, dar leves sorrisos maliciosos.
Elogiar o pênis dele e falar durante o ato tudo que de gostoso vier à sua mente.
Fazer com um misto de carinho porque o órgão exige isso e meio selvagem para dar mais movimento.
Lubrificar muito.
Deixar o homem assistir ao "espetáculo".
Dar sequência e ritmo.
Saber parar na hora certa, para evitar acidentes antecipados.
Saber não parar e não diminuir o ritmo quando o objetivo é o orgasmo.
Fazer o homem gozar na sua boca. Engolir ou não, conforme já vimos antes, importa pouco.

PARTE 8

SEXO ANAL
O PRAZER QUE VEM POR TRÁS

Há uma tendência a rotularem o sexo anal, tanto para o homem como para a mulher que gostam da coisa. Divulgam que é uma prática que todos os homens gostam e todas as mulheres odeiam. Nem tanto ao céu nem tanto à terra. Há homens que não gostam e mulheres que têm total preferência pelo anal.

Dizem que o homem vê o sexo anal como uma conquista, uma vitória, já que sempre luta para consegui-lo. Ou que os homens gostam, porque pegando a mulher por trás eles têm total domínio sobre elas, e que o homem é caçador, matador, dominador por excelência. Ou atribuem a uma prática sádica, pelo prazer em causar dor à mulher.

Os clichês para as mulheres são de que só as muito liberadas é que fazem e gostam. Ou que a mulher "permite", para que o homem não procure esse prazer com outras. Ou porque essa pode ser uma das maiores demonstrações de amor, uma vez que vai sofrer para dar prazer ao parceiro. Há muita bobagem no meio disso tudo.

Falem o que quiserem, mas o que ocorre é que homens e mulheres sempre procuraram variar as posições sexuais. Não fosse verdade e todos só fariam "papai e mamãe", por ser a mais natural. Estude as posições ensinadas pelo Kama Sutra. São centenas, e muitas delas se referem ao sexo anal.

Analise o mundo animal e verá que lá não há variações. O ser humano descobriu o prazer no sexo e não apenas uma forma de perpetuar a espécie. E pela busca de mais prazer, faz tudo que sua criatividade alcance e a sua censura interior permita.

Todas as religiões que "tentam" passar para seus fiéis que o objetivo do sexo é apenas a reprodução, condenam a prática "antinatural" do sexo anal. Essas mesmas religiões também "tentam" passar o conceito de que fazer sexo por prazer é pecado.

Mas como este é um livro dedicado ao sexo com prazer, deixemos as questões conceituais de lado e vamos ao que interessa, antes que eu corra o risco de ser mal entendido no que proponho e as pessoas mais reacionárias acabem levando por trás.

Fazer ou não fazer? Eis a questão

Desde que o mundo é mundo foi registrada a prática do sexo anal entre homens e mulheres e entre homens heterossexuais. Mais modernamente, fala-se em bissexuais e homossexuais.

Fazer sexo anal é importante quando ambos decidem apimentar o relacionamento sexual. Tanto o oral como o anal são anabolizantes. Fazem os desejos crescerem. Sexo anal tem um forte componente de sacanagem. Ninguém propõe "agradeceria sumamente se a senhorita me permitisse oscular o seu pescoço, respirar com sofreguidão na base da sua cabeça e introduzir parcimoniosamente meu falo no orifício do seu ânus". Sexo anal pressupõe uma linguagem mais libertina, e isso só acontece num momento especial.

Mesmo que a mulher nunca tenha feito antes, ela tem de estar com tesão só de pensar em fazer. Deve haver consenso entre os dois, mas muitas vezes a decisão é da mulher. Ela decide se quer provar coisas diferentes.

Para a maioria das mulheres o sexo anal habita o seu imaginário, onde não existe dor, mas apenas muito prazer. E por acreditar que se muitas das suas amigas gostam, ela também gostará, decide não abrir mão desse prazer. Nesse caso, quando a mulher atinge tal ponto de "maturidade" sexual, ou quando é impulsionada por um tesão exacerbado, a decisão dela será de fazer, ou fazer. Ela quer porque quer. Dependendo da calma dos dois, da preparação que fizerem e da manutenção do estado elevado de tesão, tudo tende a dar muito certo.

Quando a mulher estiver morna, melhor não fazer, pois a falta do desejo causará desprazer. Aqui pesa muito a sensibilidade do homem, coisa que infelizmente muitos não têm. Já que a mulher está virada e aceitou fazer, é ele que quer porque quer.

E se a mulher não gostar mesmo, nunca sonhou com anal e não quer pensar no assunto, melhor falar com o parceiro sobre isso. Afinal, ela deve representar muito mais para ele do que apenas um ânus. Se o cara não aceitar e não entender isso, ela já sabe com quem está lidando.

Como fazer? O ato preparatório

Independentemente de você já ter ou não o hábito de fazer sexo anal, nunca abra mão de uma preparação, sua e dele. A comunicação entre vocês sobre como e quando fazer é fundamental para um ato só de prazer. Façam esse sexo virtualmente antes, ou falem a respeito dele, suas experiências ou a falta delas, seus desejos e receios. Seu parceiro precisa saber o quanto você gosta, ou se nunca fez, mas agora decidiu que quer se iniciada na arte de fazer. Isso fará toda a diferença.

Muitas vezes essa variação sexual pode começar por você. Quando você estiver com vontade, pode dizer isso no ouvido dele. Basta falar "hoje eu quero fazer TUDO com você", que ele entenderá mais do que você está imaginando. Se não quiser falar, numa das saídas dele da cama, vire de costas. A cena vai inspirá-lo.

Se você gostar de tapinhas na bunda e ainda não comunicou isso a ele, aproveite a oportunidade e peça os tapas. E se você não sabe se gosta, mas ouviu falar que aumenta o tesão, diga que quer experimentar, mas que se não gostar pedirá para ele parar. E se comprovou que gosta, diga apenas "que delícia, pode bater mais forte ou mais leve" e será atendida. Você também pode pedir para que ele a puxe pelos cabelos, pegue nos seus seios, acaricie sua bunda e toque o seu clitóris.

Com isso você vai dando a ele o caminho das pedras, ou melhor, a forma de se satisfazerem com o sexo anal.

Se percebeu que o moço é neófito, que ele também não tem experiência, leia este livro com ele, ou recomende que leia este capítulo, pelo menos.

A preparação maior é a que ele deverá fazer com você, em você. Eu sei que pimenta no olho dos outros é colírio, mas é voz corrente entre as mulheres que se o homem souber preparar bem a mulher, o sexo anal acontecerá sem dor e com muito prazer.

A parte principal da preparação está na sua cabeça. Já falamos dela acima. A outra parte é a diminuição das tensões locais. Se ele acariciá-la no ânus, massageá-la, excitá-la muito, enfiar devagarzinho um ou mais dedos (lubrificados com gel à base de água ou vaselina), deixará mais relaxado o músculo principal do ânus, responsável pela sua contração, chamado esfíncter. A introdução da glande bem lambuzada será mais fácil. Ao penetrar a glande, se você sentir dor, peça para ele parar com o movimento, que a dor cessará. Depois disso, peça para ele mexer devagar e penetrar mais. É provável que você não sinta mais dores fortes. Evite que ele tire o pênis para colocar de novo, pois novamente poderá causar dor. A partir desse ponto, só o tesão de vocês determinará a duração da transa e a intensidade dela.

O hábito de fazer sexo anal não diminui as dores porque o ânus laceou ou alargou, mas sim porque a mulher perdeu o medo da dor, se liberou mais e passou a curtir muito. É isso que faz toda a diferença.

251 – Devagar, quase parando

Você poderá ficar com o controle da situação, mesmo que ele pense que esteja com ele. Determine o ritmo, mais forte ou mais fraco. Normalmente o início deve ser bem lento. Peça para enfiar mais ou não. Peça para tocar ou não seu clitóris.

Os homens mais experientes sabem que um ânus exige carinho e respeito antes da festa começar. Sabem excitar muito a mulher e têm a percepção da hora em que ela fica cheia de desejos, ou seja, pronta para começar. Esse homem sabe começar devagar e quando poderá aumentar o ritmo. Por desejo, o que ele realmente quer é entrar todo e fazer da forma mais selvagem possível, batendo na bunda da mulher que gosta ou acariciando-a para causar arrepios. Ele sabe falar as coisas certas para excitá-la e perguntar o que ela está sentindo, para não avançar demais o sinal.

Existe infelizmente o inexperiente. Esse acha que quando a mulher reclama de dor a melhor coisa é enfiar tudo rapidamente, pois assim seria vencido o período de mais dor. Há mulheres que se traumatizam com esse tipo de penetração, a ponto de nunca mais quererem experimentar de novo.

Conversar a respeito disso tudo é a única solução. Quem se comunica bem normalmente encontra o caminho do prazer. E como eu disse no primeiro parágrafo, há mulheres que acabam tendo preferência pelo sexo anal.

As melhores posições

252 – A mais famosa

Ao pensar em sexo anal, a primeira posição que vem à mente é de quatro, não é? Ela é meio ícone, mas não é a mais indicada para principiantes. Ela é a preferida do homem, principalmente quando a altura da cama permite que a mulher fique de quatro sobre ela e ele fica em pé, fora dela. Nessa posição, ele tem as mãos livres para puxar a mulher pelos cabelos e dar tapinhas na bunda. Pode acariciar os seios e a nuca, e, o mais importante, pode excitar o clitóris. Homem também gosta dessa posição porque tem uma visão única do corpo da mulher. Vê a mulher de costas, a bunda dela, e vê o entra e sai do pênis. Ele é espectador do desempenho que está protagonizando.
Muitas mulheres acabam gostando muito de sexo anal em razão da excitação no clitóris, pois chegam a orgasmos alucinantes. De quatro há a mistura de sexo selvagem, palavreado mais caliente, um pouco de dor com a penetração, tapas estimulantes e massagem no clitóris.

253 – De ladinho

Essa é uma das melhores posições para a mulher. Deitada, ela tem menos tensões no esfíncter. O casal se movimenta à vontade. Ele tem as mãos vazias para puxar cabelos, dar tapinhas na bunda, acariciar os seios e o clitóris. É ótima também para a mulher se masturbar e chegar a grandes orgasmos, sentindo o pênis parado ou se movimentando atrás dela.

254 – Oferecida

De bruços, deixando o corpo todo disponível para ele. A bunda exposta e o corpo relaxado. Essa posição é a de mais fácil penetração. A mulher pode rebolar à vontade, dar um ritmo que lhe agrade e pode levantar a bunda, se quiser que o parceiro penetre mais. O inconveniente é que o homem terá dificuldade para tocar seu clitóris, mas ele pode compensar um pouco respirando seu tesão no ouvido, mordendo sua nuca e seus cabelos.

255 – Cavalgada

Essa é para quem já tem experiência e gosta muito da coisa. É a posição que a mulher tem mais controle. Faz como quer, na velocidade que quer e tem o poder de interromper a qualquer momento. A mulher pode cavalgar de frente ou de costas e se movimentar ajoelhada ou agachada. O homem sabe que a mulher tem o comando, mas gosta muito quando ela senta em cima de tudo. Nessa posição, a visão de ambos pode contemplar o espetáculo.
Para variar um pouco, o homem pode sentar-se em uma cadeira ou poltrona ou até no vaso sanitário.

256 – De frente (frango assado)

Permite um contato visual pleno entre os dois, e isso sempre é estimulante. A mulher pode ficar deitada na cama e o homem do lado de fora dela, ou ele pode ajoelhar-se na cama. Essa é também uma boa posição para loucuras em cima de mesas. O homem tem as mãos livres para acariciar os seios e o clitóris. A mulher pode se masturbar. Se ajoelhado na cama, o homem pode deitar e beijar a mulher. É uma ótima posição e merece ser experimentada.

257 – Em pé

É uma posição que dá para fazer em qualquer lugar. No banheiro, por exemplo. A mulher inclina pouco ou muito o seu corpo. Para facilitar a entrada, deve abrir as pernas. A mulher pode apoiar uma das pernas numa cadeira. Enfim, em pé dá para exercitar a criatividade. A posição permite que o homem acaricie os seios da mulher e o clitóris dela. Não é das mais confortáveis, mas já que estamos falando de sexo anal, vale pela sacanagem.

258 – E o orgasmo?

O homem gosta muito de anal pelas alternativas expostas acima, pelo componente maior de sacanagem comparado às outras formas de sexo e porque o buraco é mais apertadinho. Tudo isso o leva a ter orgasmos com mais intensidade.
O prazer da mulher vai desde a farra, as novidades excitantes, a intimidade com o parceiro, a curtição de algo bem diferente, a orgasmos incríveis. A parte externa do ânus tem mais terminações nervosas que a parte interna. Por isso, nem seria necessário

penetração total para que a mulher chegasse ao orgasmo. A pontinha é mais excitável que o restante. A penetração total traz o prazer da atitude mais selvagem. Por isso, dá prazer. A mulher pode também transferir parte da excitação do ânus para a vagina, o que lhe dá um orgasmo diferente. Finalmente, a masturbação clitoriana proporciona orgasmos mais fortes que os normais, em razão da sensação provocada pela penetração do pênis atrás.

Se você não chegar ao orgasmo fazendo sexo anal, não precisa procurar um terapeuta. Só com muito tesão, muito *expertise*, afinidade, capricho e cuidado do parceiro é que você chegaria lá. Mesmo assim, não deixe de tentar gozar se masturbando, ou de fazer sexo anal pelo prazer de fazer. Afinal, você também não goza na garganta ao fazer sexo oral, e nem por isso deixa de ter muito prazer.

O homem com certeza valoriza muito a parceira que faz um bom sexo anal, mas repetindo o que já citei acima, a mulher é mais que um ânus farrista. Só o pratique se não agredi-la e nem lhe der desprazer.

PARTE 9

OUSAR COM AS PALAVRAS AS SACANAGENS QUE O HOMEM GOSTA DE OUVIR

Por mais que você ache que seu parceiro goste muito de sexo e que por isso não é necessário "perder tempo" com preliminares, quero destacar dois pontos: as preliminares são ótimas para que vocês dois se afinem e se preparem para um sexo maravilhoso. Quanto melhores e prolongadas elas forem, melhor será para vocês.

Mesmo que você tenha a certeza de que seu parceiro já veio de fábrica com o botão do sexo ligado, eu asseguro que ele vai adorar seus beijos ousados. Você poderá levá-lo à loucura se souber dizer as coisas certas no ouvido dele. Experimente dizer no ouvido dele, sussurrando, o que você realmente está desejando, algo como "eu estava com muito desejo dos seus beijos e de colar meu corpo no seu"; "adoro quando me agarra com seus braços fortes"; "queria ouvir você respirar o seu tesão no meu ouvido". Pergunte a ele se pode fazer uma confissão e a faça : "Vim com tanta vontade de encontrá-lo, com tanto desejo dos beijos seus, que já estou molhadinha"; "Estou com muita vontade de fazer amor com você" ; "Hoje eu quero ser possuída por você de todo jeito". Preciso dizer como ficará o seu parceiro?

Sexo narrado é aquele em que o casal fala dos seus desejos antes, durante e depois de praticá-lo. Relata o que está sentindo durante o sexo. Fala o que quer sentir a mais. Manifesta seus desejos e exprime livremente suas sensações.

Nem todas as pessoas gostam de sexo narrado. Algumas aceitam apenas umas poucas palavras, ditas na hora certa, enquanto outras se excitam muito com o sexo narrado e até com o *Dirty Talking*, que é o uso de expressões mais pesadas e eivadas de palavrões. Apresentamos um caderno lacrado sobre o *Dirty Talking* para ser lido por pessoas a quem os palavrões, ao invés de agredir, estimulam. Se não for o seu caso, não leia.

Neste capítulo não usarei, portanto, as expressões mais sujas, a despeito de que para ouvidos "mais puros e inocentes" possa haver surpresas. Estou relatando exatamente as palavras e expressões que foram utilizadas na pesquisa que lastreou este livro e são as coisas mais habituais.

Se você não tem interesse neste assunto, não leia, pois há

frases e palavras relativamente fortes. E depois não diga que não alertei.

Sabemos que há grandes diferenças entre o que os homens gostam de falar e o que as mulheres gostam de ouvir. O contrário é quase sempre verdadeiro. O homem espera que a mulher se libere e diga palavras e frases mais calientes. Só que para a mulher, até em razão da sua formação, às vezes fica difícil pronunciar determinadas "coisas". Volto a insistir que vocês conversem a respeito de tais características e expectativas.

Se você é mais romântica e mesmo no sexo mais liberado prefere palavras carinhosas ao invés de palavrões, não precisa fazer concessões. Não se agrida. Fale com ele e informe que não é frescura sua, mas tais palavrões têm o efeito contrário com você. Ao invés de excitá-la, acabam com o seu tesão. E além de não gostar de ouvir, tem muita dificuldade para falar. Quem sabe com o conhecimento mútuo e a intimidade vocês encontrem as palavras certas, que tenham o poder de excitá-los.

Se você gosta dele, qual é o problema de ir se acostumando a dizer coisas um pouco mais fortes? Por mais "travada" que você seja, acho que dá para chamá-lo de tarado, safado, tesudo. De início, poderá ser meio difícil, mas creio que poderá se excitar ao dizer a ele, "vem, seu tarado, me come bem gostoso". Se você sentir que o parceiro aumentou a intensidade dos movimentos, é por que o agradou. Que tal falar "adoro você safado assim", "é uma delícia foder (ou transar) com você"; "Isso, mexe gostoso, entra todo dentro de mim, me fode com força". Não são palavrões tão difíceis de ser pronunciados e podem causar ótimo efeito. Cuidado com o que você fala, pois pode parecer um comando. Se falar me fode com força, o parceiro vai atendê-la. Mas se você prefere ser penetrada devagar, causará nele o mesmo efeito excitante se falar "vem, meu macho, ou safado, ou tarado, me fode devagarzinho, quero sentir seu pau entrando e me abrindo toda". Uma coisa é certa. Se seu homem for inteligente, ele perceberá as licenças que você está dando a ele. Provavelmente venha a usar a mesma família de palavras com você. Se com o passar do tempo você for se excitando com tais palavras e achar que vale a pena incorporar outra, não hesite. Aumentar esse vocabulário a colocará cada vez mais em sintonia com seu parceiro.

259 – Gemidos que falam

Se você é adepta do sexo calado, não se condene. Você não é anormal.

Cerca de 50% dos casais não falam nada durante a relação sexual. Menos de 20% praticam o *Dirty Talking*. Destaco que das caladas os parceiros gostam de ouvir pelo menos gemidos de prazer. Ficou mais fácil, né?

260 – Sempre aberta para novas experiências

Lembro que o fato de você tradicionalmente fazer sexo da mesma forma não significa que não possa estar aberta a novas experiências. Se até hoje fez sexo calada e agora está com um parceiro que gosta de falar, ou vice-versa, respeite o gosto dele e conversem a respeito. Façam um "acordo". Deem um jeito de falar sobre esse assunto e descobrir até que ponto vocês querem chegar no sexo narrado. Exemplifico chutando o pau da barraca. Se você gostaria que ele a chamasse no mínimo de minha puta, tem de dar um jeito de informar isso a ele. O restante você pode deduzir.

261 – Burlando a censura

Para quebrar a barreira da censura, uma vez que é difícil falar olho no olho aquilo que gostamos e como gostaríamos que o parceiro "funcionasse", vocês podem utilizar os sistemas de bate-papo da internet e fazerem sexo virtual. Podem também combinar de escrever contos eróticos em que descrevam seus desejos. Nesses territórios livres vocês podem se expor e perguntar detalhes do tipo de desejo do outro.

262 – Sem censura e sem cobranças

Normalmente há diferenças entre o que se diz na cama e a percepção real que se tem da pessoa. Na hora do sexo, chamar seu parceiro de vagabundo ou safado não significa que ache que ele seja assim na vida real. O vice-versa também serve para você.

A vulgaridade no sexo tanto afasta como atrai, mas com certeza apimenta o relacionamento e quebra a rotina.

As palavras são ditas num momento de excitação e com o objetivo de esquentar ainda mais o momento. Portanto, não pode haver "cobranças" depois. Nada de e-mails no dia seguinte perguntado se ele acha que você é puta mesmo. Por tudo isso é que dever haver o "acordo" a que me referi antes.

No fundo, tanto a mulher como o homem têm desejos de fazer coisas proibidas. Todos querem sair da mesmice sexual. Todos desejam ações mais picantes e pecaminosas. Quando juntos, todos querem se perder no sexo para se encontrar no amor.

263 – Frases preferidas no sexo narrado

Bem, vamos às palavras, expressões e frases registradas em nossa pesquisa como sendo as preferidas pelos homens no sexo narrado. Servem como inspiração para as mulheres que querem aprender a falar sacanagens.
Se você já conhece e pratica tudo isso e muito mais, não tenha receios de se achar safada demais. Agradeça por ter atingido tal grau de liberdade.

Obs.: já fiz esse alerta anteriormente, mas em razão da sua importância eu repito que você NUNCA deve utilizar diminutivo para se referir ao pênis dele. Por mais carinhosa que você queira ser, ele entenderá que o achou pequeno. Nem pensar em falar "que delícia de pauzinho, tão fofinho". Nunca deixe passar pelos seus lábios palavras como: pauzinho, pintinho, caralhinho gostoso e assemelhadas.

(As respostas estão na ordem da preferência manifestada na pesquisa)

Disparado na pesquisa, os homens responderam que gostam de ser elogiados

Você é muito gostoso/ delicioso.
Adoro seu corpo másculo/suas pernas grossas/seu peito/seus braços.
Você tem um pau delicioso/lindo/grande/na medida certa (usam falar assim quando o tamanho não é dos maiores).
Adoro o jeito que você me come.
Você transa muito gostoso.
Como você fode gostoso.
Você me leva à loucura.
Transar com você é uma delícia. Quero sempre, quero muito mais.
Você é demais. Me faz gozar muito gostoso.
Adoro seu cheiro de macho.
Adoro sua virilidade.

Palavras usadas para "definir" o parceiro

Machão
Tesudo
Garanhão
Tarado
Safado
Pintudo/Pausudo
Vagabundo
Puto

264 – Os pedidos que os homens mais gostam de ouvir

Vem machão, me fode bem gostoso.
Quero que me coma de todo jeito.
Adoro sentir esse pau grosso me abrindo.
Vem, me fode com força. Enterra tudo. Mete com força.
Mete esse pau todo em mim.
Me fode com força, me arromba, me abra.
Seu pau me preenche toda, me toca lá no fundo, que delícia.
Diz que me ama, que sou a sua gostosa e que você adora me possuir.
Quero ser sua escrava sexual.
Agora as palavras são mais variadas. E coloco na sequência as mais usadas:
Come sua fêmea, puta, vadia, cachorra, cadela, putinha, safada, cadela no cio, biscate.

265 – Aprenda e incorporar frases que esquentam

Você pode se inspirar nas frases acima e usar variações delas cada vez que transar. Com o tempo, as frases fluirão naturalmente, pois elas refletirão os seus sentimentos e desejos. Uma técnica para se habituar a falar o que está desejando é pensar durante a masturbação. Crie a cena na sua mente e assim que o prazer for se intensificando vá falando o que gostaria que ele estivesse fazendo com você. Pessoalmente, será mais difícil falar tudo, até porque fica sempre o receio de não saber "o que ele vai pensar de mim", mas perceberá que com o tempo tudo ficará mais natural. Pratique mais sacanagens no sexo. Quanto menos rotina, mais tesão. Se você adicionar uma coisa nova por mês, no final de 5 anos será 60 vezes mais liberada.

266 – Novidades aproximam os casais

O mais importante no relacionamento sexual é fazer coisas novas para tornar as transas cada vez melhores, com mais prazer. Perceba que, depois de uma transa maravilhosa, o relacionamento fica melhor. Para as pessoas que se amam, parece que o amor cresceu. Dá vontade de ligar no dia seguinte. Para as que então iniciando "um caso" o entusiasmo explodirá e o gostinho de quero mais encurtará o espaço entre os encontros.

Se o casal nunca fez anal e decide fazer, e fica gostoso para os dois, fatalmente isso será lembrado no *day after*, merecerá flores etc. Da mesma maneira, se um dia a mulher decidir que quer fazer o homem gozar na sua boca, por saber que ele sonha com isso, pode ter certeza de que no dia seguinte será conduzida ao pódio. Isso será lembrado e curtido.

CADERNO LACRADO
DIRTY TALKING

Importante. Este é um caderno lacrado e portanto não preciso dar mais alertas sobre o seu conteúdo.

Se chegou até aqui, é porque quer saber mais sobre palavras, palavrões e expressões mais usadas no sexo narrado, *pero* de forma mais livre e selvagem.

So abra se expressões muito fortes não incomodarem você

Em traduções livres e forçadas, poderíamos chamar *Dirty Talk* de putaria *hardcore*, putaria falada ,"me xinga que eu gosto", "nada do que eu falo, deve deixar você encabulado", "fala tudo que você sabe e mais um pouco" ou "papo sujo".

Não tenho estatística, mas aparentemente, por razões culturais e de educação ou por bloqueios, tabus e censura, a mulher gosta menos das palavras mais sujas, ou fala menos.

A situação da mulher na sociedade e perante o homem por muito tempo ainda será de "sexo frágil" e de menos promiscuidade. Os homens soltam o verbo quando estão falando entre si. Basta chegar uma mulher e a censura é parcial ou total.

A mulher é mais recatada e sensível e provavelmente em razão disso demora mais para se liberar junto ao seu parceiro. Adicione-se a isso que a mulher tende a fazer menos sexo casual do que os homens e que quando sai com um homem, é porque ele a atraiu e portanto tem razões para imaginar que aquela não será a única noite.

A mulher nasceu ouvindo e criando histórias de namoros puros como da Barbie e Ken. Leu ou ouviu todos os contos de fadas, chegou quase a perder o nojo de beijar um sapo, por acreditar que ele poderia mesmo se transformar no príncipe encantado.

É voz corrente que a mulher casada só trai o marido se se apaixonar por outro homem (ou mulher). Que no geral, mesmo as não casadas, também precisam estar envolvidas para chegar ao sexo e depois de um encontro sexual elas passam a alimentar muitas outras expectativas.

E como para toda regra há exceções, provavelmente você, cara leitora, conheça mulheres que gostam do sexo pelo sexo. Se não conhecer, leia a autobiografia de Catherine Millet no livro "A vida sexual de Catherine M". Trata-se de uma intelectual, fundadora e diretora de uma revista de arte na França. Ela já fez de tudo com sua vida sexual, transou com vários homens em sexo grupal. Trinta homens a foderam em apenas uma hora. Transou em lugares públicos, fechados e abertos. Transou com mulheres e até com travesti. Ela se satisfazia fazendo sexo sem amor, coisa que é atribuída como normal aos homens. E nas sessões de sexo grupal ela não era a única mulher, o que significa que várias outras curtiam o sexo pelo sexo.

Expliquei tudo isso para estabelecer uma linha de raciocínio que explique porque as mulheres são menos fãs do *Dirty Talk* do que os homens. Elas estão amarradas a tabus, têm mais pudores.

Dificilmente uma mulher se revela adepta do *Dirty Talk* nos primeiros encontros, uma vez que ela tem mais expectativas pós-sexo que os homens. Se ela deseja que o relacionamento se transforme em namoro, acha que colocaria tudo a perder se, mesmo para excitar seu parceiro, dissesse: "que delícia de caralho, sou sua puta, quero que arrombe minha buceta com ele". Consolidado o início do relacionamento, tudo fica mais fácil, pois o casal já se conhece bem melhor e normalmente faz um "acordo" sobre como gostam e querem conduzir as relações sexuais.

Segue, pela ordem que apareceu em nossa pesquisa, quais são as falas que mais excitam os homens e eles adorariam ouvir de suas parceiras.

267 – Pegando leve fora da cama

Coisas ditas nos ambientes extra quarto e quase sempre sussurradas no ouvido, de preferência com uma mordidinha na orelha dele. Começando sem pegar muito pesado:

Você é muito gostoso. Que vontade de apertar você.
Adorei o volume explodindo a sua calça. Imaginei-o todo dentro da minha boca.
Bastou encontrar você para eu ficar toda molhadinha.
Vim sem calcinha para você me foder onde e como quiser.
Queria que estivesse me comendo toda agora.
Nesta noite quero que você goze na minha boca.
Sonho acordada com você me comendo de todo jeito.

268 – Entre quatro paredes

Quero chupar muito o seu pau (cacete, caralho, pirocão, rola, pica etc.).

Quero que enfie o dedo no meu cu enquanto chupa a minha buceta. Me fode gostoso e depois goza na minha boca. Encha minha boca de porra.

Como você fode gostoso. Seu caralho é delicioso!

Mete tudo em mim. Quero rebolar no seu pau. Mete com força, safado.

Queria me arregaçar com seu pau, né? Mete todo em mim agora, enterra tudo.

Sou sua puta (vadia, cadela, cachorra, safada,vagabunda, piranha, biscate). Me fode, me xinga do que você quiser.

Me fode gostoso, se não vou dar para o vizinho, que sempre fica me cantando.

Vai, cachorro. Arromba minha buceta. Me rasga com esse caralho, me fode com força.

Chupa minha buceta molhada. Quero ver sua cara lambuzada.

Enfia a língua toda na minha buceta. Quero rebolar na sua língua.

Sonhava em gozar na minha boca, não é? Goza na minha boca então, filho da puta. Goza agora.

Faz de mim sua escrava sexual. Quero ser sua de todos os jeitos. Me come do jeito que você quiser.

Me faz sua puta, me fode todos os dias.

Vem, meu garanhão. Faz sua vadia gozar gostoso. Me fode de todo jeito.

Fode meu cu, fode o cu da sua cadela. Ele é todo seu, safado.

Vem, filho da puta. Me fode, me abre com seu pau.

Goza nos meus peitos, cafajeste. Deixa cair um pingo da sua porra na minha boca.

Você é muito gostoso, acaba comigo. Vem, mete mais, mete com mais força, mete mais, seu safado. Mete mais esse cacete em mim.

Você me deixa louca de tanto tesão.

Você é o macho da minha vida. Sou toda sua. Adoro ter um garanhão como você.

Quero mais pau. Enterra tudo. Quero mais. Me arromba.

Vem, safado filho da puta. Enfia esse cacetão dentro de mim. Me arromba com esse pau enorme.

Me fode com vontade. Enfia tudo na minha buceta molhada, seu cachorro.

Goza em cima de mim, filho da puta. Me lambuza toda com sua porra.

Desejava me comer assim, né? Queria me pegar toda arreganhada assim para você? Então me fode gostoso agora, me rasga, quero sentir você me arrombar.

Essas são as frases principais que apareceram na nossa pesquisa. Inspire-se a partir delas e se criar algumas mais loucas ainda publique no nosso site www.prazerdohomem.com.br. Os amantes do *Dirty Talking* agradecerão.

Perguntas que serviram de base para a pesquisa

Veja quais foram as perguntas publicadas no site www.surveymonkey.com.
Aproveite e faça um exercício. Pense em quais seriam suas respostas

Caro AMIGO.

Obrigado por ter aceitado o convite para participar desta importante pesquisa sobre um assunto que significa muito para nós, O SEXO.
Suas respostas nos ajudarão a escrever o livro "Como levar um homem à loucura na cama," que servirá para orientar as mulheres com relação ao comportamento sexual do homem.
O livro vai explorar e explicar a força da libido. Apesar de ser para a orientação das mulheres, com certeza ajudará na felicidade de ambos os sexos.
Algumas perguntas podem parecer constrangedoras ou difíceis de ser respondidas. De antemão, garantimos que este site não capta o seu e-mail, não identifica você. Até em razão disso, solicitamos que seja absolutamente sincero.
Novamente muito obrigado, agradecemos pela sua coragem, liberdade, sinceridade e seriedade nas respostas.

1. No ritual da conquista, estando em lugares como restaurantes, casas noturnas,parques,escolas, trabalho etc., quais os "sinais" que você gostaria de ver em uma mulher, demonstrando que tem interesse em você?

1 ______
2 ______
3 ______
4 ______
5 ______
6 ______
7 ______
8 ______

2. Agora o inverso. Coisas que se uma mulher fizer, evitarão de imediato um contato mais profundo. Coisas que broxam.

1 ______
2 ______
3 ______
4 ______
5 ______

3. Quais os "sinais" que a mulher pode dar durante o dia, de que está desejando uma noite especial?

1
2
3
4
5
6
7
8

4. Na hora do sexo, o que a mulher pode e deve fazer de mais agradável e excitante "antes" do inicio da relação propriamente dita?

1
2
3
4
5
6

5. Agora o inverso. O que a mulher não pode e não deve fazer, antes do início? Coisas que se ela fizer quebrarão o encanto inicial e até poderão inviabilizar a noite de amor. Coisas que broxam.

1
2
3
4
5
6

6. Na hora do sexo você gosta que a mulher:

	Excita muito	Excita médio	Excita pouco	Indiferente	Broxa
Use roupas sexys?					
Faça danças eróticas ou streep tease?					
Tome a iniciativa?					
Demonstre total descontração?					
Tire rapidamente a roupa ao entrar no quarto?					

O que mais te excita muito?

7. Quais as preliminares que você gosta que ela faça

	Excita muito	Excita médio	Excita pouco	Indiferente	Broxa
Chupe suas orelhas					
Chupe seus mamilos					
Chupe seu corpo todo					
Chupe suas bolas					
Chupe seu penis					
Faça fio terra					
69					

Quais outras preliminares você gosta?

8. O que te dá mais prazer?

	Minha preferência	Gosto muito	Mais ou menos	Indiferente	Broxa
Receber sexo oral					
Dar /fazer sexo oral					
Gozar na boca da mulher?					
Beijar a mulher com seu semem na boca					
Sexo Anal					
Gozar nos seios					

O que mais te dá muito prazer?

9. Na prática do sexo vaginal, quais as posições sexuais que você mais gosta?

	É a preferida	Gosto muito	Mais ou menos	Gosto pouco
De quatro				
Papai e Mamãe				
De bruços				
Cavalgada				
De lado				
Cachorrinho				

Indique outras posições que você mais gosta

10. Durante o ato sexual você gosta que a mulher:

	Gosto muito	Mais ou menos	Gosto pouco, mas gosto	Indiferente	Broxa
Fale o que gosta,ou que quer? Fale o que está sentindo?(Sexo narrado)					
Fale palavrões?					
Dê gemidos demonstrando prazer?					
Grite baixo de prazer					
Grite alto de prazer					
Seja escandalosa					

Qual outro tipo de comportamento você gosta na mulher?

11. Na hora do sexo você gosta da mulher que:

	Isto é sensacional	Gosto muito	Mais ou menos	Gosto pouco mas gosto	Indiferente
Fala o que quer e como quer?	○	○	○	○	○
Te oriente se está bom ou não e diga como você pode fazer mais gostoso?	○	○	○	○	○
Diga que quer mudar de posição e diz qual quer	○	○	○	○	○
Peça para que você continue fazendo o que está gostoso?	○	○	○	○	○
Coloque o preservativo com a boca?	○	○	○	○	○
Faça Massagem tailandesa?	○	○	○	○	○

12. O que a mulher pode fazer para apimentar a relação sexual?Por exemplo:Te chupar com a boca gelada ou com gelo na boca?
Te chupar com bala hortelã fresh, e assoprar para deixar geladinho? Unhas passadas pelo seu corpo?
Você pode repetir os exemplos acima ou citar outros.

1 ______

2 ______

3 ______

4 ______

5 ______

6 ______

7 ______

8 ______

13. Quanto ao orgasmo você gosta da mulher que:

	Minha preferida	Gosto muito	Mais ou menos	Gosto pouco	Não gosto
Goza muito rapidamente?	○	○	○	○	○
Tem orgasmos seguidos?	○	○	○	○	○
Que se satisfaz gozando uma vez só?	○	○	○	○	○
Que não tem orgasmo vaginal, apenas clitoriano?	○	○	○	○	○
Que se preocupa em sincronizar o orgasmo com o seu?	○	○	○	○	○

Quer comentar sobre algum outro tipo de mulher?

14. Ao praticar um sexo mais "selvagem" o que gosta de fazer?

	Gosto muito	Mais ou menos	Gosto pouco mas gosto	Indiferente	Broxa
Você gosta de usar acessórios? Fazer dupla penetração com um "consolo"	○	○	○	○	○
Dar tapas na bunda?	○	○	○	○	○
Dar tapas em outras partes do corpo?	○	○	○	○	○
De receber tapas	○	○	○	○	○
De puxar cabelos	○	○	○	○	○
Que a mulher te xingue	○	○	○	○	○

O que mais você gosta de fazer de "selvagem"

15. Quais as suas fantasias sexuais? Realizadas ou não.

1

2

3

4

5

16. O que uma mulher tem que fazer para ser considerada "boa de cama"?

1
2
3
4
5
6
7
8

17. Quais os motivos que te levam a gostar muito de sexo anal?

1
2
3
4
5
6

18. Quais as palavras,palavrões ou expressões que você gosta que a mulher diga no calor do sexo e que te excitam muito?

1
2
3
4
5
6
7
8
9
10

19. Quanto tempo em média duram suas relações sexuais com:

	Até 10 minutos	De 10 a 20 minutos	De 20 a 40 minutos	De 40 a 60 minutos	Mais de 60 minutos
A esposa					
Namorada habitual					
Amante					
Uma transa ocasional					

Qual a duração média das suas relaçoes sexuais?

20. Após o sexo e ainda na cama,para você o que é natural acontecer? Como você gostaria que a mulher se comportasse?

1

2

3

4

5

6

21. O que você gostaria que a mulher fizesse no dia seguinte a uma noite de sexo?

	Gosto muito	Mais ou menos	Indiferente	Não gosto
Telefonasse "agradecida" e feliz				
Telefonasse pedindo mais				
Enviasse e-mail ou torpedo				
Pegasse no pé				
Esperasse um contato seu				

Qual outro comportamento você gostaria que a mulher tivesse?

22. Gostaríamos de conhecer um pouco mais de você.

	Eu tenho
Qual a sua faixa etária?	

Encerramento

Escrevi este livro com o objetivo de ir muito além do sexo, da cama e do prazer. A vida, o amor e o sexo seriam muito pequenos se fossem resumidos apenas "àquilo".

A satisfação e o bem-estar que podem ser alcançados com uma vida sexualmente saudável poderão ser sentidos não apenas numa relação sexual, mas em todos os momentos da vida humana. O homem estará mais feliz. Isso se refletirá na sua vida pessoal, traduzida na forma de se relacionar com as pessoas, pois comprovadamente ele terá sua autoestima aumentada, melhorando assim seu senso de certeza e autoconfiança. Na vida profissional ele estará mais disposto e mais produtivo. Resultado direto da mente equilibrada, focada, saudável, estimulada e criativa.

Em razão dos meus estudos sobre o bem-estar do ser humano, tenho algumas opiniões a respeito:

A - A homeostase só é conseguida por quem está satisfeito sexualmente, e, por consequência, menos suscetível ao estresse.

B - Há um ciclo virtuoso que pode se instalar no ser humano: quanto melhor a qualidade da sua vida sexual, mais ele conseguirá relaxar e meditar, e vice-versa.

C - Concluímos que uma vida sexual plena contribui para a qualidade de vida como um todo.

Depois de tantos anos observando e comentando o comportamento humano nas mais diversas situações, e em especial como editor-chefe por quase 10 anos da primeira revista focada no desenvolvimento humano, a VENCER!, com alguns milhões de revistas produzidas, realizo o sonho de compartilhar algo que também gerou imenso prazer em mim: este livro, que desmistifica um pouco a sexualidade.

Correndo o risco de cair num lugar-comum, "espero que essa experiência tenha sido tão boa pra você como foi pra mim." O prazer e a satisfação são experiências quase divinas e nos levam a um tipo especial de paraíso.

Experimente, pratique, divirta-se e espero que também tenha, a partir de agora, muito mais prazer. Na cama e na vida.

Obs.: Envie comentários sobre o livro para: vivermelhor.livro@gmail.com